섬기는 부모가
자녀를 큰사람으로 키운다

有奉献精神的父母培养大人物

〔韩〕全惠星 著 邵娟 译

光明日报出版社

图书在版编目（C I P）数据

有奉献精神的父母培养大人物 / (韩) 全惠星著；
邵娟译 . -- 北京 : 光明日报出版社 , 2016.5（2021.5重印）

ISBN 978-7-5194-0247-1

Ⅰ.①有… Ⅱ.①全… ②邵… Ⅲ.①家庭教育
Ⅳ.① G78

中国版本图书馆 CIP 数据核字 (2016) 第 055483 号

版权登记号：01-2016-2786

有奉献精神的父母培养大人物
YOU FENGXIAN JINGSHEN DE FUMU PEIYANG DARENWU

著　　者：〔韩〕全惠星　　译　　者：邵　娟

策　　划：双螺旋文化
责任编辑：杨　茹　　责任校对：傅泉泽
特约编辑：唐　浒　伍四运　　责任印制：曹　诤
封面设计：田晗工作室　沈银苹　　特约技术编辑：张雅琴 黄鲁西

出版发行：光明日报出版社
地　　址：北京市西城区永安路106号，100050
电　　话：010-63139890（咨询），010-63131930（邮购）
010-63497501，63370061（团购）
传　　真：010-63131930
网　　址：http://book.gmw.cn
邮　　箱：gmcbs@gmw.cn
法律顾问：北京德恒律师事务所龚柳方律师

印　　刷：固安兰星球彩色印刷有限公司
装　　订：固安兰星球彩色印刷有限公司
本书如有破损、缺页、装订错误，请与本社联系调换，电话：010-63131930

开　　本：145mm×210mm
字　　数：120 千字　　印　　张：7.625
版　　次：2016 年 6 月第 1 版　　印　　次：2021 年 5 月第 5 次印刷
书　　号：ISBN 978-7-5194-0247-1

定　　价：28.00 元

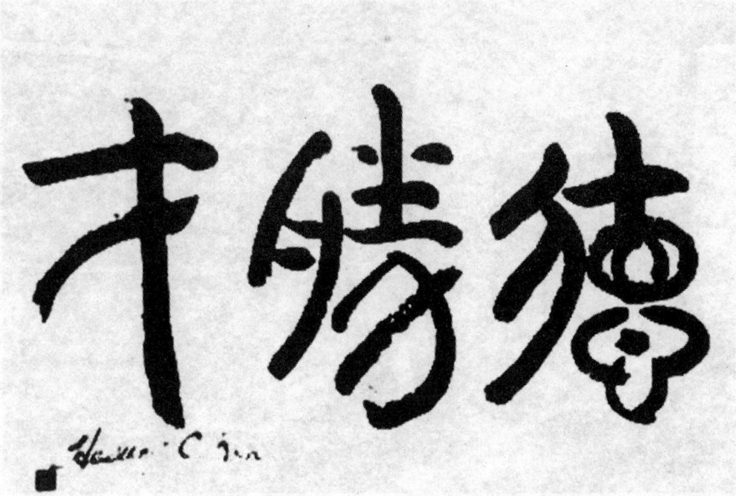

挂在家里的牌匾：德胜才

博士毕业典礼，和儿子在一起

在美国大学开办学习东亚传统文化的阅读室

大儿子京柱在阅读室做演讲

100名中国家长联名感动推荐

【编者按】他们是最普通的一百名父母，来自搜狐、新浪、腾讯等网站的家长圈和各行各业，他们的孩子有的还在孕育中，有的在咿呀学语，有的早已长大成人，他们像天下所有的父母一样，对孩子有高远的期许和深厚的爱。我们跟他们中的绝大部分都素不相识，冒昧邀请他们阅读本书，并写下反馈，他们的回应很热情，远远超过了我们的预想。版面所限，只能截取他们感想中的一小部分跟读者分享，愿我们从这些朴质、恳切的话语中，感受到为人父母的热烈和鲜活，愿这本书，能给更多的人，带去更多……

1. 黄景新　北京　心理学博士　孩子4岁

作为一个父亲，我并不特别关注所谓的"育儿经"。因为我以为，每个孩子都很特别，别人的经验只是个案，几乎没有借鉴价值。但这本书却让我不禁有点"于我心有戚戚焉"的感觉。作者的子女都是博士、教授，但她并非一开始就立下宏愿，她关注的是，让孩子们每天都在一点点进步，至于结果，虽然不可预期，但必然令人满意，因为他们的生活风格将会是健康向上、乐于助人的。这点最值得中国父母学习。

2. 陈晚　美国华盛顿　编辑、自由撰稿人　大女儿15岁，二女儿11岁，儿子7岁

博客：http://blog.sina.com.cn/shuiyinger

作者以女性独有的感性和细腻，引用大量的生活实例，为读者展现了旅美移民家庭的成功教育内幕。除了领悟作者的教育秘诀，留学生们还能从书中找到自己在美国奋斗的身影，全职妈妈可以从中获得巨大的精神力量。这本育儿金经像一面镜子，照出了我们人格中的不足。

3. 张子辉　济南　中学校长　女儿11岁

目前市面上的教育书大都谈技巧问题、学习问题，很少看得见大情怀和大智慧。究其原因，也是在目前的体制下，家长和老师都难免功利心偏重。然而，人的成长过程繁复曲折，人的个性多面多样，对孩子单面的要求和引导，肯定会留下某种残缺，迟早会凸显。可惜的是很多家长不明白这个道理。

4. 笑笑懒妈　宁波　自由职业　孩子3岁

博客：http://blog.sina.com.cn/u/1261499363

做妈妈的心是非常细腻、敏感的，书店里那么多的育儿宝典，不消读几页，就能够品味出作者写的时候是怀着一颗真情实意的心，还是只是为了夸耀自己的儿女多有出息。因此

看到这本书，是多么的惊喜、多么的急切，有种来不及看的感觉。整本书下来，既实用又有鼓励的精神，既中肯又满含热情。我是一名新手妈妈，这本书填充了我的空白。

5. 张晓萍　北京　编辑　儿子 4 岁

博客：http://blog.sina.com.cn/youyou2005727

我儿子酉酉今年四岁，从他还在肚子里开始我就接触了 N 多的育儿书，但是看韩国的家教书还是第一次。本以为也是大人物式的居高临下的说教，大眼看去似乎有理，一旦放下却还是茫然无措。但这本书大体翻完，却有一个个非常清晰的理念告诉你到底应该怎么做，我深受启发。当然，最要紧的一点是，这个周末，我就会和酉爸一起为酉酉精心挑选一个可爱的小书桌回来，从此，让我们三个一块儿学习。

6. 徐燕　北京　公务员　女儿 1 岁

一个偶然的机会读到了《有奉献精神的父母培养大人物》这本书，感觉就像找到了启明星。作为母亲，首先要明确自己的价值观，树立深远的教育原则。以身作则，以自己的一生来影响孩子的一生。由衷感谢全惠星老师！

7. 马迎春　北京　婚姻家庭咨询师　女儿 4 岁

博客：http://blog.voc.com.cn/mayingchun

读完了韩国第一妈妈的手稿，我的一个强烈感受就是教育孩子要从爱出发。我为第一妈妈的人格魅力所倾倒，而这些光环和荣誉的背后，是一颗大爱的心。

8. 殷虹　河北石家庄　教育工作者　女儿 15 岁

博客：http://blog.sina.com.cn/u/1244266694

这本书给我上了一堂非常好的课，从这堂课中不仅学到了如何教育孩子，如何使孩子成为优秀的人，也学到了如何自我发展……我觉得这不仅是一本提醒父母教育子女的书，也是一本帮助父母实现自我成长的书。

9. 刘媛媛　山东青岛　教师　儿子 2 岁半

博客：http://blog.sina.com.cn/yywcare

特别欣赏书中的这句话："品格是微风，能吹开才华的蒲公英。"读过这本书，我深深领悟到：一个孩子的成长，品格是基础，家庭教育又是一切教育的基础。

10. 杜玉凤　北京　职业工程师　儿子上小学三年级

博客：http://duyufeng1.blog.sohu.com/

一个家庭培养出六个博士子女的传奇故事，促使我很快将该书浏览了一遍。十几年来为了教育儿子，我先后看了很多有关育儿方面的文章和书籍，但这本书的很多观点给我了深刻的印象。

11. 懒虫米虫毛毛虫　江苏苏州　外企经理　儿子 5 周岁零 3 个月

作为一名 5 岁男孩的母亲，在孩子的教育问题上，我确实很头痛，心里清楚早期教育的重要性，但是始终对自己有很大的怀疑，总担心自己无法将这一个角色扮演成功。在一口气看完这本书后，我受到了很大启发。

12. 李枫艳　西安　公务员　女儿6岁

博客：http://blog.sina.com.cn/u/1273638651

《有奉献精神的父母培养大人物》是一本真正值得推荐的好书，是正在面临教育烦恼的困惑父母的一剂良方。全惠星妈妈是一位明星妈妈、超级妈妈，在教育孩子方面有绝对的发言权。书出版后，我一定会买来送给我的妈妈族朋友们。

13. 刘蕾　广东惠州　文案策划　孩子1岁

博客：http://blog.sina.com.cn/u/1247521467

读此书就像在看一部关于一个普通大家庭教育子女的韩剧。自然、亲切却又处处闪着光芒。我是一个新手妈妈，在教育子女上绝无资历可言，阅读的过程中不断地提起笔标注下我认为日后会对我有帮助，或是经典的语句。读完之后，发现每一页都做满了笔记。

14. 丁妍　杭州　汽车业　儿子3岁半　博客：http://blog.ci123.com/dingyan

花了将近2个半小时看完整本书稿，这不仅是一本教育私家经验全纪录，更是一本母亲的励志书，可以帮助处于彷徨期的母亲找到自己的人生目标。

15. 解文华　北京　杂志社编辑　儿子12岁

看过国内一些教育孩子的作品，大都是"吃的苦中苦，方为人上人"的现代版。全惠星女士这本书写的是对子女的人格熏陶，读下来感觉她的成功并不在于她培养出了多少个博士子女，因为这并不是父母单方面可以决定的，而是她在潜移默化中为子女形塑了有益于社会的价值观、人生观。

16. 侯娟　北京　会计　儿子3岁

作为一个3岁男孩的妈妈，现在已经开始遇到种种问题，比如，孩子开始有自己的想法，开始像男子汉那样充满自信我行我素。要想教育好孩子，首先要了解孩子。这本书很好地解答了如何理解孩子的方法。

17. 许愿星　湖北　语文教师　女儿1岁

博客：http://317984607.qzone.qq.com/

现在父母可以送给孩子的物质选择越来越多了，但是孩子最想得到的东西并不只是物质，还需要"爸爸妈妈的爱和尊重"、"爸爸妈妈给我当榜样"、"爸爸妈妈跟我一起玩"、"给我一个小伙伴"、"给我一个可以达到的小目标"、"跟我一起笑起来"等等，从这本书里，我看到了这些。

18. 廉世平　哈尔滨　教育业　女儿11岁　博客：http://qianli.qzone.qq.com/

有机会拜读全惠星博士的教育经典论著是一种偶然，先睹为快学习韩国首席妈妈私家教育经验是一种幸福。展卷漫览，不得不说，书中呈现的教育智慧使人茅塞顿开、令人拍案叫绝。这本书会给正处在家教误区中的父母们一种全新的启示、一种颠覆性的家教理论革命。

19. 刘书云　北京　出版业　孩子 10 岁

不知为什么越爱孩子就对她要求越多,伤害她越深,在这种无法自拔的教育困境中,是这本《有奉献精神的父母培养大人物》,让我明白了我盲目的教育方式与肤浅的教育观点差点害了孩子和自己。才华永远不能凌驾于品格之上,为天下母亲指明了教育孩子的方向。

20. 孙诤　北京　亲子网站管理　儿子 7 岁

宝贝吧:http://www.bb8.cc/bb/html/index.html

如果全博士就在面前,我绝不会想要她的签名,或者合影留念,我只想给她一个大大的拥抱,像老朋友那样。在这个明星耀得人睁不开眼又睡不着觉的时代,读一本书,交一个心灵的朋友,是多么可贵啊!

21. 小杭妈妈　西安　大学教师　儿子 15 岁

博客:http://blog.sina.com.cn/u/1263968377

我喜欢这本书的原因,是书中提出的关于人格教育的重要性,关于奉献的教育理念。这是当下很多家长缺乏的。怎么办?如果能随书的发行,在全国范围开展相关的教育讲座,那就最好了。

22. 毛毛妈妈　江苏南京　家庭主妇、网站版主　女儿 5 岁

很赞成作者强调的"德才兼备、德胜于才"的观点,还有一旦帮助孩子明确学习的目的,找到学习的最好动力,即使不用监督,孩子也能自主学习了……总之,这本书为我能够更好地教育孩子又增添了一些信心。

23. 梁文　四川成都　工人　儿子 2 岁

曾经有段时间,我老是用命令的语气让孩子这样或者那样,但是孩子很反对。后来我尝试着用商量的口吻再次和他交流,他就很乐意接受,所以在孩子面前不要把自己当成父母。先做他的朋友,他就会很亲近你,同时从心里接纳你。

24. 董建辉　河北沧州　公司董秘　儿子 10 岁

博客:http://blog.sina.com.cn/dongjianhui

读过全惠星博士的书,始终有一种做一个成功父亲的冲动。我不知道能不能把自己的儿子培养成一个大人物,但我确实想让儿子帮助我体悟到做一个成功父亲的美妙经历。对所有的家庭来说,孩子是职业的,而父母都是业余的。孩子们知道自己如何做一个孩子,而父母却不懂如何当好一个父母。但事实上,这两者却被倒了过来。

25. 胡滨　北京　出版业　儿子 8 岁

很受触动。书中所列举的"不强制也能让孩子自觉学习的秘诀"、"别管孩子愿不愿意读书,父母率先读书就可以了"等等教育方法,都是我作为一名父亲所急切想知道的。

26. 邹广荣　苏州　全职妈妈　儿子3岁

博客:http://blue-koala.blog.sohu.com/

很庆幸,在我的孩子3周岁的时候,遇到了这本书。细读下来,深受启发。对于书中提及的,有些我正在做并且已经做到的,感到很欣喜,而那些高瞻远瞩的建议,对于我,则更加具有指导性的意义。文化无国界,对待孩子的心无国界,这本书,值得所有父母好好阅读。

27. 姚楠　沈阳　网站编辑　孩子1岁

宝宝1周岁了,正值早期教育的重要时期,如何让孩子成长为一个"德才兼备"的优秀人才,是摆在我眼前的头等大事,读过本书之后,我对孩子的教育问题有了全新的认知,信心倍增。

28. 范首得　济南　家庭教育　准家长

无论是已经为人父母,还是即将为人父母的朋友们都有必要读一读《有奉献精神的父母培养大人物》这本书。中华文化最为可贵的就是拥有"德性",小胜靠智,大胜靠德,一个人的德行就是他的命运。

29. 杜艳艳　河南南阳　工程师　女儿3岁

这本书写得很好,全教授很厉害,六个孩子都培养得那么出色,看了这本书真的是受益匪浅。培养孩子就是要全面教育。

30. 晏建东　江西九江　高中语文教师　大女儿34岁,高中语文教师;小女儿29岁,电视台制片人

博客:http://yjd4889.blog.sohu.com/

《有奉献精神的父母培养大人物》是一本不可多得的好书,是家庭教育的指南。

31. Jenny　合肥　全职妈妈　儿子3岁

看过一些育儿类的书,这本书的立意最高,给我的印象很清晰。围绕"一个人伟大与否,取决于他给予了别人多少帮助"这个思路来展开,语言流畅,读着就好像在聆听一个长者的轻声细语的布道。真的要谢谢作者,看了后有种醍醐灌顶的清醒。

32. 邹莉莉　天津　小说广播编辑　孩子2岁

教育不是一件简单的事,但它绝不单调——有什么比塑造出一个伟大的人更具挑战的事吗? 这本书不是一本教材,我更愿意把它当作一种提醒,每当我翻开它,就听见有个声音说:你的教育方法可能还不完善,看看书中有没有更好的想法吧。

33. 包林运　北京　编辑、育儿网站总版主　女儿2岁

博客:http://blog.sina.com.cn/baolinyun

这本书令我非常感动! 为他人奉献并不是一个新鲜的理念,但当作者用自己几十年的人生经历、子女以及孙儿们的成长经历来诠释这个理念的时候,它是如此的震撼人心,令我由衷地钦佩。

34. 王玲　河南焦作市　大学教师　女儿 1 岁半

博客:http://blog.sina.com.cn/xueshenyichi2066

我自从生下北北后,阅读书目有了极大的调整,这两年半的时间里大都在看养育孩子方面的书。这本书有一点让我印象极深刻:他们家到处都是书桌。而在我们许多家庭中多的可能是麻将桌吧?大人一边搓麻将一边看电视同时抱怨孩子不爱学习,全惠星女士的六个子女全部取得博士学位这一惊人的事实证明了身教的力量。

35. 贾萍　韩国水源市　大女儿 26 个月,儿子 6 个月

博客:http://blog.sina.com.cn/jiaping616

《有奉献精神的父母培养大人物》讲述的是美国籍韩国人父母培养出六个成功孩子的故事,这本书在韩国非常受欢迎,得知中国引进了这本书,我作为在韩国生活的中国人,很为中国父母高兴,推荐给所有中国父母。

36. 风飘飘以轻扬　湖南衡阳　自由职业　儿子 20 岁,天津大学二年级

孔老圣人说:己所不欲,勿施于人。做家长也同样。教育孩子做什么,我们就首先应该做到什么。培养优秀的孩子,必须家长先努力成为品德优秀的人,并努力服务孩子的成长需求。愿大家共勉。

37. 红月亮　福建晋江　教师　儿子 3 岁

博客:http://blog.sina.com.cn/pleasantbreathing

我有个同学带着 3 岁多的儿子去学习溜冰,每次去孩子都会计较:少溜点行吗?我为孩子心疼,感觉他找不到知音。我不是要批判父母,只是想说:别把自己未实现的目标一个一个加诸在孩子身上。书上有一句话说得好:请三思,孩子的成长过程只有一次。

38. 赵民　河北石家庄　教育工作者　儿子 28 岁

博客:http://blog.sina.com.cn/wxrch

这本书教育理念先进而朴实,表述清新而亲切,给予我深刻的启示,引起我强烈的共鸣。“品格是微风,能吹开才华的蒲公英”形象地表达了德为才之帅的观点;“绝对不要为孩子牺牲自己”告诉我们父母要同孩子一起成长,才能实现家庭幸福最大化……

39. 邢卓　天津　规划师　孩子 20 个月

博客:http://blog.sina.com.cn/xingxing78

作为一位养育了六位优秀儿女的母亲,全惠星的教育思想从未局限在孩子身上,而是始终将孩子和父母自身的成长放在一起。虽然我的孩子还很小,有些问题尚未出现,但是作者的思想给了我很大的触动,同时也将对我的个人发展起到重要影响。

40. 安婷妈妈　重庆　外贸　女儿 3 岁

博客:http://blog.sina.com.cn/s/blog_42b603eb0100enet.html

迫不及待地读完书稿,我发现作者的很多观点跟我一致。非常喜欢这本书,非常同意

作者的观点:要做一个有奉献精神的人。如果他们没有做到这点,他们的子女也没有学到这一点,他们也不会个个都那么出色。

41. 乖小猪昊昊妈妈　山东泰安　公务员　儿子1岁零8个月

博客 http://blog.sina.com.cn/lvhaochen2007

一个温馨的家庭氛围是孩子健康成长的必要条件;爱孩子更要放手让他去实践摸索;无论何时何地孩子在父母眼中都是最优秀的,我们需要及时的给予他肯定与鼓励……我会和儿子一起成长一起感受生活。我相信,我也能培养出大人物。

42. 邓波　高校教师、心理咨询师　孩子即将上大二

博客:http://blog.sina.com.cn/dengbo1641

全惠星作为有跨文化背景的母亲,很好地发扬了不同文化的教育之长。强调德胜于才,了解孩子的成长规律,注重教育艺术,尊重孩子的天性,鼓励孩子做自己喜欢的事,提倡父母和孩子一起成长,这些教育的法宝,无疑值得每一个为人父母者借鉴。

43. 马凝　济南　电视台制片人　女儿11岁

我们做父母多年了,重视孩子教育也多年了,一直自视是擅长教育的父母,可是在细节中,却每天都有困惑和犹疑。看过全惠星的教子心得,我才确信,是我们做父母的自己的生活目标在游移不定,我们做人做事的方式有待完善,我们还没有真正想清楚家庭教育的原则,大的方向模糊着,细节上就出现了矛盾和混乱。谢谢作者,这本书对我很及时。

44. 曹知　北京　人力资源招聘专员　儿子　3岁

看了这本书,我不禁想起了中国的传统教育。没有了《弟子规》、《三字经》的朗读声,没有了对理想的追求,现在的父母最大的希望是孩子长大后能挣到很多钱。而这本书中所说"一个人伟大与否,取决于他给予了别人多少帮助",其实就是《弟子规》中提到的。小孩子要有高的志向,这样才能成功。作为一个中国的母亲,是时候把《弟子规》重新捧起来了。

45. 淼儿妈妈　重庆　酒店高管　孩子7岁

博客:http://blog.sina.com.cn/zhaomengxi

尽管全教授在书中多次强调:子女教育没有标准答案,每个孩子都很特别,都需要我们去特别对待。但全教授教给读者的绝对是个通理。所有家长都可以用,但必须结合自己孩子的具体情况去用。

46. 主妇手记　广东　秘书　女儿5岁　博客:http://blog.sina.com.cn/danjie

对于书中提出的观点,我开始有点难以接受,在弱肉强食的社会里,我想到的只是把孩子培养成一个极具竞争力的对手。但我无法否认"品德是微风,能吹开才华的蒲公英"这句话对我的震撼度。我觉得本书之所以吸引人,是因为作者一直抱着这样一个观点:"教育有更远大的目标,和更深广的内涵。"

47. 遇见绿光

全妈妈是一位伟大的妈妈，不仅因为她培养了众多优秀的儿女，还因为她真的很用心，是个伟大的奉献者。一直都在学习好妈妈的经验，一直以为自己现在做的是正确的，看了全妈妈的书才知道自己已经走上了育儿弯路。

48. 陈欢　南京　自由职业者　儿子8岁

读完全教授的文章，内心久久不能平静。好文章如天上的星星闪烁着智慧的光芒，又像是和一位长者交谈，在慢慢化解心结。

49. 罗光耀　湖北武昌　通讯行业　孩子8个月

这本书给我的第一印象是“奉献精神”这四个字。在教育小孩这方面，可以借鉴欧洲的经验，但适合中国孩子的教育方法应该由亚洲方面的专家来写，会起到事半功倍的效果。

50. 李志伟　石家庄　公司职员　孩子5个月

看了这本书，很受触动。父母的习惯，决定孩子的习惯。好的父母不会强制，不会照本宣科，好的教育就应该像全博士这样，春风化雨，润物细无声。

51. 胡军　广东佛山　公司职员　孩子3岁

这本书上的理念很有道理。平时我自己也是努力这么做的，但这本书有更强大的信念支持，更系统的观点和方法，及时地给了我指导和为人父母的信心。

52. 艾明　北京　民企部门主管　孩子17岁

博客：http://270755165. qzone. qq. com

孩子的成长，受基因左右，又受环境影响。韩国“首席妈妈”为她的孩子们提供了一个被证明“不错”的家庭环境，所以孩子们都沿着成功的轨迹一点点实现着“大人物”的梦想。但这种梦想成真的核心，并非孩子们可以在每一门功课上都得到父母的辅导，他们得到的是父母在做人做事和学习方法等等方面的体贴与教诲。

53. 贾杏平　山西长治　公司文秘　儿子2岁

博客：http://blog. sina. com. cn/zcr0629

几乎书中讲的每个观点都能激起我强烈的共鸣。很荣幸看到这本书，我会推荐给更多的家长朋友！

54. 红山脚下的游客　高级工程师　两个孩子，一个博士毕业，一个本科就要毕业，在准备考研。博客：http://hsjxdyk. blog. sohu. com/

全惠星博士的教育事迹是值得称赞的，她引用父亲的话“一个人伟大与否，取决于他给予了别人多少帮助。”在目前的教育体制下，这种教育方式我们中国家长很少强调，这也是给我触动最大的。

55. 李凤雯　北京　公司职员　女儿5岁　博客：http://70177253. qzone. qq. com/

现在的父母可以说是一切为了孩子，无论自己的条件怎么样，都愿意给孩子最好的，但是更希望我们的父母,对孩子要在奉献之余,懂得索取,向孩子索取自己的回报,孩子的优良表现就是对父母最好的回报了。

56. 大宝妈妈　济宁　公务员　孩子 2 岁　博客:http://51422742.qzone.qq.com/

我很高兴在这本书上找到了很多共鸣点,从而坚定了我在孩子教育方面的一些观点。全惠星就好像我邻家的一位妈妈,娓娓道来她的育儿经,很可亲,也很可信,重要的是很科学,很贴近我们的生活。

57. 孙志华　沈阳　中学高级教师　儿子 15 岁

博客:http://blog.sina.com.cn/zhihua

我将把这本书推荐给我身边那些希望孩子卓越而又茫然的年轻父母们。我也将在我的博客圈里向我的朋友们推荐,让大家来分享书中金子般的语言。当再有人向我询问教育孩子的成功经验的时候,我会告诉她:"请反复阅读《有奉献精神的父母培养大人物》吧!"

58. 小语妈妈　福建厦门　孩子 1 岁 10 个月

博客:http://blog.sina.com.cn/susan699

这个社会不缺乏教条化的教育经验,但着实缺乏个性化的教育实践。我相信不同的家庭会成就不同的孩子,放任不管,独立成材的孩子是存在,但凤毛麟角。全教授的家庭让我真正意识到一个成功且个性化的家庭教育环境一定会造就一个孩子将来的与众不同与出类拔萃。

59. 焦照锋　山东平原县　教师　儿子上高二

博客:http://blog.sina.com.cn/jzf2008

和许多家教成功的人士相比,我们普通人缺少的不是对孩子的爱心,不是对孩子成才的渴望,而是缺少一种教育孩子的文化或理念,缺少将这种教育贯穿始终的恒心和耐心。这本书,不仅能为你提供一个个可供参考或模仿的经典教育案例,而且会用一个个看似平凡而实际上寓意非常深刻的体会来启迪读者的心智,让做家长的多一份信心,多一份勇气,多一份乐趣。

60. 刘关军　湖北松滋　教师　儿子 8 岁　博客:http://blog.edu11.net/19

因为全惠星博士夫妇能够奉献于他人,成全他人,所以,即使他们没有刻意去教育孩子,却在潜移默化的熏染中,让孩子们习得了做一个"奉献者"的全部要义:在帮助伙伴们的同时,他们能"解决自己的苦恼";在帮助别人的同时,孩子们自己也得到了"力量与智慧"——优秀就这样炼成了!

61. 王保国　河北唐山　教师　女儿 5 岁

博客:http://blog.cersp.com/index/1050268.jspx

读着全彗星的文字,点滴之中渗透着一位伟大母亲的无私奉献精神。一位伟大的女性,在子女的教育问题上不但无私付出,而且总结经验,传遍世界。她带给我的是灵魂的震撼。

62. 川子　江苏南京　销售经理　女儿　13 个月

博客:http://blog. sina. com. cn/guidobritt

我没有把孩子培养成大人物的目的或追求,但我认同书里的很多观念与方法。心很重要。自己就是孩子的榜样。希望每位父母都能教会孩子有爱心热心,去爱,去服务,让自己最快乐。

63. 吴晓云　河北石家庄　外企财务经理　女儿 3 岁

成为一个好妈妈一直是我的梦想,而现在我的梦想有了具体的目标。全惠星女士把教育融入到了每一天的生活细节当中,让看到了达到梦想的具体途径。

64. 让心情长上翅膀　江苏昆山　企业管理人员　儿子 21 岁

博客:http://blog. sina. com. cn/sumer

当孩子呱呱坠地时,每个家长都会对孩子有着无限的期望,希望自己的孩子长大成人后会有一番作为。可是十几年下来,能把孩子培养成出类拔萃的人却如凤毛麟角,而这本书的作者全教授却做到了。

65. 杨柳轩轩　四川成都　电器工程师　孩子 4 岁

博客:http://blog. sina. com. cn/yangliuxuan

教育,最重要的不是"教",而是"育"的养成。传统的父母常重"教"轻"育",所以教出的"人"很难成"才",只有以育为先,寓教于育,才可能把孩子培养成"大人物"。本书作者以全新的视觉,独特的理念诠释了真正的"教育"。

66. 薛普文　江苏苏州　企业经理　女儿 16 岁

博客:http://blog. sina. com. cn/xuepuwen

父母是孩子最重要的导师。用心思考,从点滴着手,培养孩子具有优秀的品格和良好的习惯,这是孩子人生成长的基石。

67. 蓝梦　山东济南　大学教师　女儿 19 岁

博客:http://blog. sina. com. cn/lm0606

全惠星博士的书如一杯香茗,沁人心扉,涤荡着读者的心灵。一个"博士家庭"源于父母的真爱和付出,一个富有爱心的父母就是孩子最好的一面镜子;而"德胜于才"正是我们东方人教育孩子的重要理念。

68. 雨过天晴　博客:http://blog. sina. com. cn/cjhzhjcyq

我认同书中的观点。成功的家教不是父母说教和管束出来的,而是父母经历、经验和自身奋斗史对孩子潜移默化的影响。幼年期的儿童社会化过程跟父母的言传身教密不可分,并对孩子心智、性格、品质等方面也会产生深远的影响。

69. 周江宇妈妈　博客:http://blog. sina. com. cn/u/1506841824

我对作者的育儿观非常认同:父母的言传身教和家庭氛围起着比学校教育更加重要的

作用。家庭教育里面没有大概念，全部都是细节。在此道声“谢谢！”

70. 有女清欣　北京　自由职业者　女儿3岁

博客：http://blog.sina.com.cn/baobaoqingxin

大家对“爱吃鱼头的妈妈”的故事肯定不陌生吧？我们大人无私的爱，反映给孩子的却是多么不尽人意的理解啊，真是让人痛心。正如书中所说，家长“可以付出无条件的爱，但是，我们不要无条件的牺牲”。很多妈妈觉得什么都要提供给孩子最好的，因此想要自己照顾孩子，辞掉很好的工作做全职妈妈。孩子总有一天会长大，会离开我们，那时候，我们的生活就空了……这些问题真的需要妈妈们反思一下。

71. 尤金慧　江苏徐州　机关工作人员　女儿3岁

博客：http://blog.sina.com.cn/niuniu0603

最初看到书名中的“大人物”时，心里多少有点不屑，心想大概又是讲父母如何严格要求孩子、通过刻苦学习成才的经历吧。但打开书，第一句话“对一个人来说，才华很重要，但更为重要的是，他的品格”就深深地触动了我，让我产生了强烈的共鸣。

72.　风过指尖　广州　教育业　孩子2岁

一直很困惑如何教育孩子，读完很受启发，最让我感动的是全教授说：“对一个人来说，才华很重要，但更为重要的是，他的品格。”我一定会致力于培养孩子的好品格。

73. 陈鱼　郑州　家庭主妇　儿子15岁

博客：http://blog.sina.com.cn/shuimuyanhua

全惠星教授力劝大家在教育中放下功利的眼光，多多从培养孩子的人品着手。她认为孩子具有好的品格比具有才华还重要。这是教育的根本。这本书彻底改变了我们头脑里“学习不好，啥也不会好”的固有观念，令人受益匪浅。

74. 张丽莉　河北石家庄　外企服务人员　女儿11岁

全惠星女士用她的亲身经历让我们明白“真正的爱和教育，不是牺牲一方，成就另一方，而是双方共同成长”。我很庆幸，在陪伴教育孩子成长的同时，我也在建立自己的价值，在服务于这个社会。

75. 蓝根莲　湖北武汉　全职主妇　女儿4岁

博客：http://blog.sina.com.cn/guidobritt

大人物的成长不仅需要横溢的才华，更需要优良的品格和为他人服务的热情，而这一点正是现代年轻父母家教意识中所缺乏的观念。在当今这个有些功利的社会环境中，本书可以为年轻的父母实施早期教育和家庭教育指引一个正确的方向。

76. 维尼小熊　博客：http://blog.sina.com.cn/xiong2004

“望子成龙、望女成凤”的心态对任何一个国家的父母都是一样的。身为年轻父母的我们，更迫切地想找到一种成功教育方法，除了给自己孩子创造更好的成长条件之外，更期待的是孩子能有颗健康的身心，懂感恩的情怀。喜欢这本书中提到的各种育儿经验，及作为家长的我们，如何活出自我价值的另种境界。

77. 张俊　武汉　外企文员　儿子14岁

在孩子的成长过程当中，父母起着决定性的作用。父母的性格、想法、举止，包括父母的关系和整个家庭氛围，所有这些都一定会影响到家庭里的那个小孩。一个全心全意为他人着想，为他人服务的人，在任何一个国家，任何一个社会，都是伟大的。

78. 水中花　山东烟台　外企职员　女儿5岁

我很佩服全女士，也喜欢她说的“不要因为孩子辞掉工作”，我知道做到这一点需要底气和机遇。虽然孩子的优秀不都是妈妈的功劳，但是全女士这个妈妈绝对是伟大的，功不可没的！

79. 王永芬　河北石家庄　外企财务人员　女儿6岁

这本书的可贵之处在于，虽然成就卓越却不高高在上。全妈妈用自己的亲身经历讲述了一个朴素的理念，完全没有以往此类书籍惯有的空洞说教。读者可以以此为参照，检查自己是否陷入了育儿的误区。

80. 王彩育　英国伦敦　教育顾问　儿子2岁半
博客：http://blog.sina.com.cn/littlelondonbean

一个母亲能够成功地培养出六个才华卓越的儿女不是偶然的，她的成功经验和教育儿女的理念很值得我们借鉴。她在教育孩子过程中的真实感悟，为我们每一个妈妈提供了最鲜活的育儿智慧。她的很多育儿观虽然简单朴实，却为妈妈们提供了教育子女的“独家秘笈”。

81. 冷满红　安徽省太湖县　教师　孩子6岁

全教授的教育核心是“一个人伟大与否，取决于他给予了别人多少帮助。”大音希声、大象无形。读者将被全教授的教育理念与教育实践所折服，从中找到“轻松地教育、轻松地学习、轻松地成功”的秘诀。

82. 风怿　博客：http://blog.sina.com.cn/u/1252030365

透过本书可以充分感受全惠星教授对东西方教育精华的理解、诠释和实践，中国妈妈可以吸取其东西方合璧的卓越的家庭教育理念，对那些希望孩子出国留学的父母，或者准备移民美国的家庭，更有身临其境的借鉴之处。

83. 王娜　河北石家庄　专业设计人员　准妈妈　怀孕6个月

这本书给我的震撼，除了来源于“德胜于才”的核心教育理念，还来源于对家庭中的夫妻关系的重视。我一直忐忑孩子的降临会对今后的家庭生活造成怎样的影响。但现在我很安心：我们夫妻要做的，是更加理解和尊重对方，与孩子一起成长。

84. 邓丽　湖北武汉　外企技术工程师　准妈妈　怀孕6个月

不同于全惠星女士培养了6个孩子，在我的人生中，培养孩子的过程只会有一次。也许我一旦犯了错误，就没有改正的机会。但我仍然有信心和孩子一起摸索，一起成长。至少，在孩子出生前看到这本书是我的幸运。

85. 王菊萍　北京　自由职业者　女儿8岁

我是个忙碌的父亲，所幸的是女儿乖巧聪明，并且性格发展健康，但这本书仍然给我了很大提醒，要更加细心去关注女儿的成长期，跟女儿一起成长。

86. 刘敏　四川成都　私企管理　儿子4个月

没有哪一个妈妈不热爱阅读教育书籍，这种热衷在当妈妈之前可能是很难想象的。但即使如此，对于把孩子培养成什么样的人，我仍然一点概念都没有。这本书不仅仅让我学到了好的教育理念，更让我开始思考教育的本质这样的深层次的问题。

87. 潘雷　湖北武汉　工程师　儿子8个月

为什么我们在教育上花费了大量的人力和财力却效果不尽人意。"老师永远代替不了家长"，全惠星女士的观点确实独到。我们社会对家庭教育还没有足够重视起来。家庭是孩子成长的摇篮，除了养育，家长必须谨记自己还担负着教育的职责。

88. 张雪娇　河北石家庄　外企技术人员　女儿3岁

正如我们的孩子不一定能上哈佛，我们自己也远远落后于全女士的思想境界。但这并不是我们放弃进步的借口。毕竟家长是孩子的榜样，所以教育才会需要不断地学习。对这本书的阅读是我迈出的学习的第一步。

89. 刘俊伟　河南洛阳　设计师　女儿4岁

"教育不是科学，而是一门艺术。""艺术"意味着独特、创造，也意味着加倍地付出自己的心血。在标准化操作泛滥的今天，这一理念真是难能可贵。

90. 易娜　四川成都　外企技术人员　儿子1岁

这个时代到底需要竞争意识还是奉献精神，我相信每个人都有自己的说法。在全惠星女士看来，这两者却是并行不悖的。而成为大人物不是为了出人头地，而是为了承担更多的社会责任，帮助到更多的人。这已经超出了教育思想的范围，值得我们社会上的每一个人深思。

91. 冯代海　山东聊城　企业职员　女儿25岁，儿子21岁

我的一双儿女都已经长大，在他们成长过程中，我尽了很大努力，并尽量不干涉，孩子们学了自己喜欢的专业，找到了自己倾心的工作，他们目前并算不上什么大人物，但我看到他们不断进步，已经备感欣慰。全惠星女士的书，读来亲切，我也会多多跟孩子们探讨这些。

92. 孙红云　上海　自由职业　儿子5岁

我不认为自己是个盲目的家长，比如我不受各种功利的教育技巧的诱惑，也不强迫孩子去上各种特长班。但看了这本书，我发现，不盲目并不代表着认清了方向。对于教育，我

充其量不过原地踏步而已。不做有损孩子人生的事还不够，重要的是和孩子一起找到成长的方向。

93. 陈太云　北京　自由职业　女儿8岁

之前看过《法庭风暴》一书，了解过亚裔律师高洪柱和耶鲁师生一起维护海地难民人权的感人事迹。看到这本书，才知道他成长在一个怎样的家庭。有这样一位伟大的母亲，培养出怎样杰出的子女都不足为奇了。

94. 冷利珍　湖北武汉　工程师　儿子20岁

一般而言，身为母亲，在教育中会较重视自身的角色定位，而较为忽略家庭这个整体。但全惠星女士显然有更为广阔的视野和胸襟。这本书是值得夫妻和孩子一起研读的，因为良好的教育应该建立在良好的彼此沟通和稳固的家庭秩序之上。

95. 钟雨　美国硅谷　教师　女儿15岁

博客：http://blog.sina.com.cn/u/1231479000

全女士笔下的"大人物"，我觉得用"对社会有用的人才"来形容更恰当。她书中提到的奉献精神，不是单纯指给孩子做饭洗衣，送他们参加各种培训班，而是培养孩子们健全的人格，不仅有好的学习成绩和个人技能，最重要的是，有服务大众的美好心态。

96. 汪昆　江苏　公务员　女儿5岁

"取法乎上，得乎其中；取法乎中，得乎其下。"读完这本书，我们没必要为自己在教育上所犯的错误而自卑，而应该庆幸自己知道了家庭教育所能达到的高度和广度。

97. 梁丽　河北石家庄　外企销售人员　女儿3岁

虽然孩子不一定会成长为大人物，但我们仍然应该努力让自己的孩子具备大人物的素质。德才兼备、热情、创造……全惠星女士强调的这些品质，其实是一个健康、快乐的人生的基础。

98. 孙庆利　山东济南　公务员　女儿27岁

事实是最具有说服力的！全惠星博士6个孩子的成长经历和成就，十分有力地证明了全惠星博士教育理念的正确性。我认为当前的教育模式不是一种成功的模式，也不是适应未来中国发展需要的模式，必痛下决心改正之。全惠星教授为我们提供了一种很好的教育理念。

99. 符佳林　北京　财经记者　女儿1岁10个月

父母是孩子的第一位启蒙老师，而此书则能作为父母的启蒙老师。此书将一种全新的教育理念引入中国，让中国的父母了解原来为人父母也是需要奉献精神的。

100. 张玉芳　江苏　服装设计　女儿9岁

在现今这个多元价值观的时代，能够有自己坚定的追求和信念是件很难做到的事情。更难得的是，坚持自己的同时还有一颗宽容的心。全女士做到了这一点，她的成功来源于她所坚持的"德胜于才"的传统东方价值观，也来源于她对于美国价值观的宽容接受和灵活变通。

目录

前言

父母们，请跟我一起做个“奉献者”

孩子不用监督也能主动学习的秘诀

“如果你想成为耀眼的大人物，而不是一生平庸，首先就要学会为他人着想。”

这是父亲在世时常常对我说的一句话。

开始并不太理解，但现在，我已到了耳顺之年，回想走过的路，才发现自己的大半生竟然都是这句话的生动演示——不功利，不钻营，眼睛不只盯着自己，而是以宽阔的心胸承载别人。越是这样，反而越成就了自己。

父亲一直跟我强调的话还有：**“一个人伟大与否，取决于他给予了别人多少帮助。”**这么多年来，这句话也深深地印刻在我的心里，像一段神奇的密码，给予我启示和力量。

19 岁时，我就踏上了留美求学之路。后来，遇到了相爱的人，结婚，生子，就这样一直在美国生活了下来。我和丈夫都是工读生，一边养育孩子，一边发表论文、攻读学位，间隙还得做兼职赚钱，生活的艰辛可想而知。

即使如此,我仍然努力遵循着父亲的教导,时刻找机会去帮助别人。除了身体力行外,我还把这一教导传达给了孩子们,告诉他们要多多关心别人。事实证明,孩子们也从中尝到了甜头。一方面,他们在帮助别人的过程中得到了快乐和满足;另一方面,帮助别人的举动对他们来说,就像雏鹰的一次又一次试飞,让他们飞得越来越高。

他们确实飞得高远,让我欣慰和自豪:六个孩子都取得了名牌大学的博士学位;有的在连美国学生都梦寐以求的名牌大学教书,有的在美国国务部担任助理国务卿,有的在哈佛大学任副院长;而我们一家共取得了十一个学位,因此成为了美国教育部的"亚裔美国人家庭教育研究对象"。

这些看起来闪闪发光的成绩,让大家感到吃惊和羡慕。特别是在韩国,父母们都相当重视教育,家教热情一再高涨,年轻的父母更是迫切想找到一种成功的教育方法,于是很关注我们,认为我们一定有教育子女的"独家秘笈"。

说实话,如果说一定存在所谓的"独家秘笈",我只能把父亲的那句话再次重复给大家:"一个人伟大与否,取决于他给予了别人多少帮助。"长期以来,我和丈夫不断努力,其实只做了一件事,那就是:去做一个"奉献者"——我们奉献于自己,奉献于对方,奉献于子女,奉献于他人,奉献于社会。这种做法,并没有让我们损失什么,反而让很多人受惠,其中自然包括我们的孩子。

我的孩子们听到了很多夸奖，人们都说："哇，全教授的那几个孩子真像样子！棒极了！"而他们好像并不太在意自己身上的这些"光环"，他们知道，自己能被社会认可，并不是因为考上了哪所大学、就职于什么岗位，而是因为他们"真像样子"。他们一如既往地做自己的事，始终保持一颗温热的心、一双明亮的眼。这真让我感到放心和欣慰。

所以，在这里，我想问问那些正在拼命寻找成功教育方法的父母，你教育子女的目的是什么？换句话说，你希望自己的孩子成为什么样的人？

不知道你做出了什么样的回答，对此，我的答案是：我不希望孩子们成为只会学习的书呆子。为此，我不断地鼓励孩子们去思考：为什么要学习？怎样才能把学到的知识用到实处？遇到困难该怎么办？我希望孩子们拓展自己的眼光，放大自己的梦想，而不是拘泥于自己或某个特定的圈子。

因此，**我和先生很少督促孩子们学习，相反，我们整天只对他们"唠叨"一件事，那就是一定要做个热心人。**

我希望孩子们能够帮助更多的人，成为在韩国乃至世界上都受欢迎的人。

而他们之所以能取得今天这些成就，也正是因为他们热心，有良好的品德，并时刻牢记要做一个有用的人。只有道德高尚的人，才有人格魅力，才能吸引他人、领导他人，才能让自己不断进步。

如果你问我为什么我的孩子们不用监督也能自主学习，那么，这就是秘诀，也是他们成为被人们所喜爱、所尊敬的大人物的深刻原因。

要教育孩子，首先要了解孩子

说起来，在20世纪50年代初，作为美国社会的移民，特别是黄种人，养育孩子真的特别艰难，没有人来指导，也没有成功的经验可以借鉴。

我跟先生都认为，**要想教育好孩子，首先要了解孩子**。作为移民，韩国孩子在美国生活时遇到了怎样的问题？有什么解决办法？我们一直在探索，先是从自己孩子入手，后来发现其他孩子也有同样的困扰。为此，我们成立了韩裔美国人讨论会。从1970年起到现在，讨论会已经坚持了三十几年，最后发展为东岩文化研究所，专门开展下一代精英教育。

从举办韩裔美国人讨论会到经营东岩文化研究所，我做了近四十年的社会服务，经历了很多波折，也有不少思考和体会。其中我最想跟你们分享的是一句话：只有教育好别人的孩子，才能把自己的孩子教育好。

要始终记住，我们不是孤立的，我们是生活在互帮互助、密不可分的社会里。如果你真正为孩子着想，请首先丢掉只希望自己孩子好的自私想法。

要让孩子知道,他和周围人的目标和追求是一致的,其他人都是他的伙伴和同路人。懂得了这一点,孩子就会心甘情愿去帮助别人。

在帮助别人的同时,孩子能解决自己的苦恼;在帮助别人的同时,孩子自己也会得到力量与智慧。

把“牺牲”一词从头脑中删除吧

其实,如果父母能够奉献于他人,不用刻意去教育孩子,他们也会成为优秀的人。这就是我在养育六个孩子时得到的宝贵经验。

所以,父母们与其天天想着孩子,从早到晚地关心他、呵护他,不如将这份心投入到自我开发、自我发展,以及对他人和社会的奉献中去。

遗憾的是,最近,不管是在美国还是在韩国,我都看到很多女性为了孩子而放弃了自己的工作,即使她们都很有能力和工作经验。当然,她们会为自己的做法找一堆理由:目前的社会环境不够成熟啊,不放心把孩子交给别人带啊,自己有足够的能力去培养孩子啊……但是不管怎样,放弃工作机会,将自己的一段人生完全牺牲,都是一件非常可惜的事情。

并且,关键是问题不在于要不要放弃,而在于,有这种放弃的必要吗?

孩子渐渐长大,总有一天他会离开我们。之前把全部心思给了孩子,一旦孩子离开,我们会感觉整个心都被孩子带走了,空空如也。那种滋味,很不好受。所以,为了防止孩子离开我们身边时的这种空虚感,我们要提前做好准备。

可以付出无条件的爱,但是,我们不要无条件的牺牲。

每个人都有权选择自己的生活方式,如果能找到一种生活方式,让孩子和父母都幸福,岂不是最好?

拿我来说吧,作为母亲,我得到了孩子们的喜爱和尊敬,但是,我并没有为孩子们放弃自身的幸福。

相反,我总是努力成为我人生的主人,把握自己,奉献于他人。当然,我也在尽全力协调"自身"与"母亲"这两个角色的关系。

我的生活并没有完全以孩子们为中心,我在自己的领域里努力着,并取得了一些成绩。孩子们为我能够被人们认可而骄傲,并且,看到我们夫妇一生都在认真做学问,他们耳濡目染之下,自然而然地将学习作为了日常生活的一部分。

让孩子们能够亲眼看到,这一点非常重要。父母要成为孩子们成长中的榜样和引导者,而不能只是个说教家和照顾者。

或许我这样的说法会让人感到不够现实。毕竟,社会发展一天比一天快,孩子们需要迅速进步并获得成功,这是社会对孩子的要求，同时也给父母带来了相当大的压力。

但事实上，我想说，孩子的成长没有捷径。在时代争分夺秒变化的现在，我们更需要这样的努力。大人物并非生下来就是大人物，而是后天慢慢造就的。我们一定要牢记这一点。

在这本书里，我一直强调，孩子能不能成才，与父母的努力休戚相关。作为一个母亲，生活在这个急速变化的时代，为了让孩子更好地成长，我经历了很多艰辛和反思。根据抚养六个孩子的经验，以及在东岩研究所中指导年轻人的经验，我归纳出了大人物应该具备的七种领导能力。

希望可以和大家一起分享这些体会。

也希望我们一家的故事能够给大多数的父母提供一些参考，让年轻的父母们少走一些摸索的弯路，尽快找出适合自己和孩子的教育方法。

全惠星

2006 年 3 月 15 日（恰逢大儿子的生日）

在美国纽黑文书房里

第❶章

品格的魅力和才华的光芒要交相辉映

“一个人伟大与否，取决于他给予了别人多少帮助。”我再一次想起了父亲的这句话，同时这也是我和先生经常教育孩子们的话。我们全家人，都愿意为了实现这句话而努力，并且，我们愿意将此作为遗训而代代相传。这是我们的传家宝，我们的确从中受益匪浅。

身为父母,在教育孩子的过程中,我们必须懂得:**对一个人来说,才华很重要,但更为重要的是他的品格。**

一个有才华的人,只有同时具备正直的品格、浓浓的善意、温暖的人情味,才能算得上是一个成功的人,才能得到他人真心的信任与追随。如果周边有很多相信自己和追随自己的人,这个人自然而然地就会成为一个圈子的核心和大人物。

1. 关于我的六个孩子

人们经常会对我说:"你培养出了多么优秀的孩子啊!"人们称赞的是他们的高学历和工作上的成就,并且大家都认为,正是因为拥有了超群的才华,他们才比一般人更容易成功。

然而,在我看来,这种将成功归功于才华的想法是片面的。我的孩子们能取得今天的成绩,才华固然起到了不小的作用,但根本的原因却在于,他们在施展才华的同时,始终没有背离"德才兼备,以德为先"的原则。

先说说我那六个孩子吧。

大女儿庆信,从哈佛大学毕业后,在麻省理工学院获得了理学博士学位,现在在韩国中央大学担任化学系教授。

大儿子京柱,毕业于耶鲁大学医学院,曾任马萨诸塞州卫生和公共服务部部长，现任哈佛大学公共卫生学院副院长。

二儿子东柱，中学毕业时就曾获得备受关注的美国总统奖；在哈佛大学取得学士学位后，他继续深造，同时拿到了哈佛大学的医学博士学位和麻省理工学院的哲学博士学位。

三儿子洪柱，完成哈佛大学学业后，留学英国牛津大学，后回到哈佛大学法学院继续深造并获得了法学博士学位。之后受到耶鲁大学法学院的邀请，成为该学院首位韩裔客席教授。现任耶鲁大学法学院院长。洪柱曾在克林顿执政期间出任助理国务卿，主管人权事务，使得 Harold Hongju Koh（洪柱的英文名字—译注）这个名字广为韩国民众所知。

二女儿庆恩，获得哈佛大学法学博士学位后，曾任美国哥伦比亚大学法学院副教授，现任耶鲁大学法学院临床法学客席教授。她和洪柱兄妹俩人均被聘任为法学院的客席教授，据说这在耶鲁大学是史无前例的。此外，庆恩还是耶鲁大学聘请的首位非白人的女性客席教授，这使得她成为一时的热门话题人物。

小儿子定柱以优异成绩从哈佛大学社会学系毕业后，在波士顿美术博物馆和纽约视觉艺术学院转攻美术学专业，并获得了美术学领域的最高学位——MFA（艺术硕士）。

以上孩子们的经历，的确很容易给人们留下“才华卓越”的印象。但我深知，他们能够获得如此成就，不仅因为才华，更因为具备优秀的品格。

现在想来,我真的为教育孩子花费了很多精力,因为教给孩子才技简单,但教会他们做人不易。而我不只希望他们是才华出众的人,更希望他们是品格高尚的人。

2. 越有才华,越应该具备与之匹配的修养

初为人母的时候,我希望能把孩子培养成一个优秀的韩国人。但随着孩子们在美国一点点地长大,我的想法也在逐渐改变。我不再关心孩子该成为韩国人还是美国人,而是希望他们能成为对社会有所贡献的国际公民。我把注意力转回来,把眼光放开,开始探索更有价值的教育理念,并试着让孩子们亲自去寻找答案。

然而答案却近在咫尺,谜底正是儿时母亲的一句教诲:

"才华不可凌驾于品格之上。"

换句话说就是,孩子一定要先成人,再成才,品格永远比才华宝贵。

自古以来,敬重品格高尚之士就是韩国的传统。一个人即便无才,只要品格高尚,仍能赢得众人的敬重;但如果他有才无德,则必然会遭众人厌恶和唾弃。

遵照母亲的教诲,我希望孩子们在成为精英之前,要先养成美好的品格。这与先生的想法不谋而合,成为我们一直以来向孩子

们强调的价值观念。

说真的，卓越的才华未必就能成就一个人，反而更容易成为成功的绊脚石。我见过太多才华出众却缺乏修养的孩子，他们才智过人，却由于背负着过多的期望，又获得了太多的掌声，往往看不清自己，过分地相信自身的能力，变得自高自大、看不起别人。这样的孩子，即使拥有再出众的才华，也很难得到他人的尊重。

一个才华出众的人，如果人们对他的评价是“他善于利用自己的才华牟取私利”，那么，他绝不可能成为大人物。

还是需要强调一遍：才华是必需的，但空有一身才华是绝对不够的。不仅如此，才华有时还会变成害人害己的毒素，要多加提防。

越有才华，越应该努力具备与之匹配的品格修养。当一个人的品格魅力和才华的光芒能够交相辉映时，人们就会信任他，拥护他。一个人赢得了众人的信任与支持，自然就会成为大人物。

3. 品格是微风，能吹开才华的蒲公英

一个人的才华，会让他整个人看起来熠熠生辉；而只有当他同时拥有了高洁的品格，他的光辉才会散发和蔓延，才会照耀到他人。才华像是蒲公英的花朵，而品格就是微风，风吹过，蒲公英的小伞才会在空中翩翩起舞，飞到四面八方，把种子播下。

品格的魅力每每让我感到震撼和惊喜，它能让一个人更努力，更开阔，更柔软，也更有力量。这一点我也能常常从我的孙儿们身上感受到。

一次，大儿子京柱的女儿给我打电话，说她暑假要去南美，为那些贫困的孩子们做点事情，还说她明年要去帮助海啸遇难者家属，为他们盖房子。她小小年纪竟然有这样的想法，我很是欣慰。

还有一次，三儿子洪柱的女儿找到我说："奶奶，我正在筹集艾滋病基金，请您帮忙捐些款吧。"

当时正赶上我事情特别多，每天忙得团团转，很难抽出时间去银行，所以只能告诉她："奶奶不敢向你保证，但我尽量抽时间，争取在最后期限内给你汇过去吧。"

话虽这么说，但因为孙女是第一次拜托我，又是在做好事，我一定得支持一下。于是第二天就把钱汇了过去。

之后不久，我见到孙女，那孩子兴奋地跟我说：“奶奶，我已经筹集到四万美元了！”

当时，她还只是耶鲁大学一年级的普通学生，能筹集那么多钱，其实很不容易。而当我得知她同时还是这次募捐活动的发起人时，我更是大吃一惊！原本以为她只是一个参与者而已，没想到她在关照他人、帮助他人的同时，还发掘了自己的领导能力。

你看，孩子的才能就是这样一点点锻炼起来的，不是为锻炼而锻炼，而是在帮助别人的同时悄悄生长起来的，就像你无心撒下的种子，没有刻意等待，说不定哪天它就发芽了。我知道，这次活动带给孙女的喜悦和成就感，会鼓励她以后投入到更多更大型的公益活动中去，而这些活动也会令她今后的路越来越坚实和开阔，让她和她周围的人都受益。想到这些，我很放心，也很欣慰，心中的骄傲和感动是无以言表的。

这也证明了，比起才华来，品格更能带给他人感动。现在，只要孙儿们参加帮助他人的活动，我就会感到非常高兴。后来，他们果真都陆续做了很多事情，有的为海啸遇难者家属募集资金；有的在法律事务所为那些艾滋病患者代写遗嘱；有的穿越大半个美国，给穷人建房筹集环境基金；还有的帮助那些不能公开遗嘱的人们代书亡后法律事务文书……

孩子们始终有个目标：自己的学习和努力都是为了帮助那些不幸的人们。一旦这样的意识在他们内心扎根、生长，慢慢成为一种信念，他们就会获得无限的力量。他们会全心全意去实现这个目标，而为了实现目标，他们会努力增长自己的体力和才华，使自己变得强大起来，就像他们的父母——我的六个子女——一样。

这也是我的孩子们最终成长为大人物的道路：不是为了成为大人物而努力，而是为了帮助他人而努力。帮助他人需要施展才华，而在这样的过程中，一切就自然而然发生了。

所以，每当有人问我有什么特别的教育方式时，我都会这么说：

“不要只培养孩子的才华，更要注重培养他的品格，让他成为喜欢帮助别人的人。”

我希望年轻的父母们都能牢记这一点，这就是即使你不督促，孩子也会自发学习的秘诀，也是培养被人们所喜爱和尊重的大人物的秘诀。

古时候，书生们总是一边学习一边思考，一边思考一边学习。这样一来，学习知识就不单单是积累信息，而是在积累智慧，累积德望。

但是，让我痛心的是，当今社会已经逐渐抛弃了这些优良的传统。父母似乎忘记了孩子学习的本意，只是单纯地认为孩子学习知识是为了过上好吃好喝的日子。

所以，现在我们的社会中出类拔萃、才华横溢的人越来越多，但少有人能做到真正的有影响力。这难道跟我们父母的教育理念没有关系吗？

那么，从现在开始，让我们勇敢地改变这一切吧。

4. 请三思，孩子的成长过程只有一次

我常常很遗憾地看到，有些父母总在没有明确目的的情况下就要求孩子做这做那。

他们并不知道孩子有什么才能、喜欢什么、能做好什么，只是一味将别人都看好的东西强加到自己孩子身上；或者为了超过其他孩子，而强迫自己孩子学习。

所以，一看到在韩国或在世界上出现了优秀的高尔夫选手，就让孩子学习高尔夫；觉得电影明星很耀眼，就让孩子们去上演技班；别人家出了钢琴家，自己的孩子也要去学习钢琴……殊不知，那些成名的人为了寻找适合自己的道路，曾经历了多少的苦恼、努力、挫折和教训！这样的父母根本就没有考虑到这些，只是单纯地被他人的富裕和名誉所诱惑。

嘴上说是为了孩子的幸福，但事实是否是这样？请父母们三思。孩子的成长过程只有一次，所以，父母在为孩子寻找发展道路时，一定要慎重。孩子为了取得成功，以后要投入多少努力；他们是不是甘愿投入这样的努力；万一失败了，他们的人生会怎么样……这些问题都要仔细地分析和对待。

在韩国，孩子们在进入大学之前，要参加激烈的竞争考试。一

旦到了大学，由于找不到继续学习下去的理由，他们就会开始彷徨，把不能排放的热情投入到学习以外的其他地方，白白荒废了美好时光。

为了避免这样的情况发生，我们必须抛弃“只要努力学习，终究会取得某一方面的成功”这样的想法，树立起清晰的人生目标。看看周围的情况就不难发现，成功并不是那些整日迷迷糊糊、没有目标的人能够取得的。

所以，对于孩子来说，一定要花点心思找到自己的道路。就像爬山，很多人在找到了道路之后，全身心地投入，认真地付出，也不一定能成功。那么，目标不明确、不知道自己要怎么走的人，又如何能期待成功和幸福呢？

在这点上，做父母的有责任帮助孩子明确学习目的。否则，孩子们只会觉得混乱，这样一来，在还没有达到目标前，父母和孩子都会泄气。

接下来，父母自己也要明确子女教育的目的，要了解自己的孩子，看到他们的成长之路。当然，这并不意味着让大家考虑是将孩子培育成医生还是律师。教育远远不是只有选择职业这么简单，教育有更远大的目标和更深广的内涵。

对我而言，**我想让孩子们成为喜欢帮助别人的热心人**。在我们家中，孩子们学习的理由就是他们要成为热心人。在这样的过程中，我认为父母身体力行的教育和影响是非常重要的。在我们做社会服务时，孩子们很自然地受到了感动，他们很喜欢我们工作时的氛围和感觉，并且明白如果他们也想做这些有意义的事情，就必须努力学习。

回想当初，我之所以创建东岩文化研究所，说到底是出于一个母亲特有的教育热情。虽然这里头也有作为学者的使命感，但是，如果我同时不是一个母亲，没有想好好养育子女的迫切感的话，我不可能会将那么困难的社会服务坚持五十多年。

初来美国留学时，我丝毫没有想过要在美国长期生活，只是没想到结婚后马上怀孕了。我现在仍然清楚地记得得知这一消息后自己惊慌的心情。当时，对于美国的异乡生活，我们夫妇尚且没有完全适应，何况还要养育一个孩子！眼看着肚子里的孩子一天天长大，想着怎样才能做好一个母亲的问题，我非常无助，几乎夜夜失眠。

那时我很喜欢去书店，希望可以在那里找到一些指导书，但是翻遍了整个书店，也没有找到我要的那种关于如何在美国养育韩国孩子的书，也就是关于在多人种聚集的社会上如何养育少数民族孩子的书。

后来，我又想到了大学图书馆。

“对啊，哈佛大学图书馆肯定有。”

但是很遗憾，在那里也没有找到。在走出图书馆的时候，我很沮丧，但随即我想：

“看来目前还没有人能够解答这些问题。但是我不能因此而放弃,我有责任找到答案。让孩子在美国长大是我们的决定,孩子没办法选择。所以,孩子作为美国社会中的韩国人,是否能够好好成长、幸福生活,责任全在我们这里。”

于是,在怀孕的最后几个月里,我常常会不由自主地观察周围的母亲。我看到很多平日里忽视的东方母亲们,看她们和孩子是怎么对待对方的。但是,恰恰因为关注太多,所以苦恼的时间也比较长。

我看到,很多妈妈并不知道该怎样跟孩子相处,或者,她们并不重视孩子的教育,没有意识到一个母亲对孩子、对家庭的影响有多么大。特别是一个有三个儿子的东方家庭,还给我带来了不安和强烈的危机感。那家的孩子不但没有礼貌,而且也没有作为孩子应该有的活泼和开朗。他们的表情总是忧郁的,让人看了后心里很不是滋味。或许很多人会说,他们在陌生的环境里长大,肯定会跟其他孩子不一样。但是,这里面有母亲的失职。

5. 我为什么要创建东岩文化研究所

我想起了我的父亲。

我小的时候,社会上普遍的风气还是重男轻女,但父亲并没有在意这些,反而把我当成长子来养育。其实,面对当时歧视女性的社会风气,父亲也是无可奈何的。但他总是不断地激励我,给我做榜样,帮我建立自信,引导我从女性这个框框中跳出,以更宽、更广的视角来看待自己、思考人生。

由父亲想到自己,我想,我也不能只埋怨环境,既然孩子要在美国长大,我就必须做好准备,让自己和孩子都能勇敢和坦然地面对这一切。

在美国,我们是黄种人,是少数民族。在这样的环境中,我的孩子会遇到什么样的事情,谁也无法预料。没有相关的书籍,也没有可以咨询的人,我只能自己去摸索。

我和丈夫认为,要想指导孩子健康成长,首先要了解孩子的心理。为此,从1970年开始,我们组织起一些在美国生活的韩国人,定期举办自己的集会。我们请到已经成为专家的第一代移民,向第二代移民大学生讲述自己在美国生活的经历和感受。在各个主题的演讲结束后,我们还进行分组讨论,大学生们可以畅谈自己的心情,倾诉自己的烦恼,而这正是与其他讨论会的不同之处。

这样的讨论让我们每个人都能学到很多东西,而最大的帮助就是让孩子们明确了自己作为一个韩国人的身份。

美国怎么看待韩国,美国社会中的韩国形象是否是正面的,这些都会决定我们孩子对自己身份的认识。我们把这种认识称为"自我认同"。事实上,我们讨论的很多问题已经超过了家庭范围,涉及到当时的社会问题,而这些社会问题与孩子们的自我认同有着密切联系,并进一步影响到孩子的成长和教育。意识到这一点,对于学习社会学和人类学的我而言,也是一个极大的收获。

对于在国外生活的人来说,自己的国家就是根。如果国家的形象受损,不但孩子们的自信心无法建立,他们在国外社会所受到的待遇也会受到影响。

所以,我认为,仅仅在自家的范围内把孩子养育好,并不等于他会成为成功的社会人士。因为在成为一个独立的社会人之前,孩子首先完完全全地继承了自己所属的社会的形象。

在韩国的形象不好的时候,孩子们要与周围的偏见作斗争。偏见认为,韩国人多数都是失败者,他们再怎么出众也不能成为大人物。在这种情况下,父母再怎么竭尽全力地培养,也没有人会认可孩子。

所以,作为父母,仅仅把孩子教育好是不够的,一定要做些努力,改变世界对自己祖国的认识和态度,建立起孩子对祖国的自豪感,保护好孩子的身份意识。

何况,自我认同问题的重要性不仅仅表现在青少年时期,在一个人的一生当中,都需要保持对自己身份的自豪感。而经常被谈及的中年危机或者是退休之后的忧郁症,都是因为失去了自我认同感的缘故。

这就是我们夫妇创建东岩文化研究所的原因之一。我们要帮助孩子们建立起自我身份意识,给予他们肯定,让他们不再在这个问题上挣扎。在这个研究所,孩子们得到了很多指导。许多孩子从这里成才,进入了美国主流社会,并把他们的国家自豪感带入到他们的圈子。

所以,我们得出结论:世界性的人才并不是仅仅通晓英语和外国事情就万事 OK 了,在看清别人之前,首先要看清自己是谁。要确保自己的独特个性,才能在快速变化的社会中立足,在国际舞台中生存。

无论在哪里,不知道自己的身份的人,就是没有自信心的流浪儿。

很多留学生都想在国际舞台上驰骋,但没有几个人成功,为什么?其实,他们所缺乏的并不是外语水平或者专业知识,而是对自身的正确认识。

我的孩子们并没有在韩国长大,但是他们作为韩国人的身份意识跟普通的韩国人没有不同,所以他们一定要将自己的韩语名字和英语名字一起写在名片上。

不是较真，这一切都是孩子们为了表现自己的身份意识而做出的努力。他们不会忘记自己的祖国，由此及彼，他们很理解其他少数民族的处境，也更愿意去关心和帮助别人。

只有自己安心了，才能把平安带到别人心中。只有确定了自我身份，充实了自己的人生，才能得到美国社会中其他种族的认可和信任。

6. 急于为孩子出气的父母，是在剥夺孩子成长的机会

与西方人相比，东方人，更多地强调的是“我们”这样的集体概念。乍一看，这样的强调让人感觉你心胸开阔，不只想着自己，但仔细一看，“我们”在很多情况下只包含“我”和“我的家人”。这样的“我们”范围狭窄，极有排他性。

现实生活中也是如此，人们变得越来越不慷慨，除了“我们”，很少向其他人投放感情。比如，在商场里，若看到孩子们在玩耍时跌倒，父母很可能只会扶起自己的孩子。在这样的父母陪伴下长大的孩子，必定会成为只考虑自己的人。

我敢断言，这样的孩子绝不可能成为大人物。因为大人物首先要具备的素质就是，懂得关怀别人。

其实，别人的认可和尊敬，并不是在某一天形成的。这就如同春天花园里迷人的风景，不是一下子就展现出来的，要每一朵花都盛开，每一片叶子都翠绿，我们才能欣赏到满目的姹紫嫣红。

遗憾的是，许多父母看到自己的孩子在外面被欺负，就会失去理智，不但不会想到去承担自己的过错，反而跟孩子说："你也去打他。"

看到孩子受欺负，父母心疼的感觉，每个人都十分理解。但是，**有智慧的父母懂得控制自己的情绪**，去了解孩子为什么会打架，帮助孩子公正、合理地分析事情的经过，判断谁应该受到责备，谁又该得到支持。这才是真正地为孩子着想。

在这里，许多父母会有一个错误的观念，即如果不帮着自己的孩子，孩子就会没有信心。

事实上，孩子的信心不是父母通过"帮腔"来建立的。并且，孩子会从父母对自己所犯错误的处理方式中学习。想想，如果你只是感情用事，没有对孩子做出适时的价值判断和引导，会出现什么结果？结果就是，孩子失去了一次对自己行为进行反省和矫正的机会，失去了一次学习做出正确判断的机会，失去了一次让别人认可自己的机会。

如果不能被别人认可，就很难在社会上取得成功。

所以，请切记，急于为孩子出气的父母，事实上是在剥夺孩子成功的机会。

7. “我”不是一个人，而是一条延长线

如果我问：现代人使用频率最高的一个字眼是什么？仔细观察，应该不难发现，这个字眼是“我”——我想要这个，我喜欢什么，我不愿意做什么，我该怎么办……

我们对“我”的关注度空前地高涨，一方面说明我们的自我意识在增强；另一方面，也表明我们变得越来越狭窄与自私。

我们的世界，开始容不下别人。这一点很致命。

因为，我们的世界，本来应该更广阔的。“我”，不仅仅是作为个人的“我”，还是“延长的我”、“超越自己的我”、“连接过去和未来的我”。

这么说其实很好理解。“我”不只是现在生活的我，“我”还是我们祖先的后代，也是以后要出生的后代的父母，“我”是父母和子女的连接点。

强调这一点，是想说，我们不要把自己孤立来看，“我”不是自己一个人，而是一条延长线。

在延长线上的“我”有责任和义务去考虑父辈和子辈，以便维持延长线的持续和发展。这一点，不但在育儿上，而且对孩子获取幸福和成功的人生也是必需的。

因此，父母首先要扩展“我”的概念，“我”作为后代的父母，要充分考虑我的子女和后代所要生活的社会。

8. 我们家的传家宝

有的父母活得自私而冷漠，吝啬于关怀，认为这是很傻的事情，甚至去阻止孩子的善心。

对于这样的人，跟他讲“只有社会变好，才能让我们家人变好”的道理，大概是无济于事的。如果我再说，就算是为了自己的孩子也要多多关心其他孩子，他们甚至可能会反感，认为我在说空话，或胡说八道。

但是，这是真理，我始终坚信不疑。

记住，我们的孩子是与其他人一同生活在这个世界上的，他们的成长与别人休戚相关。打个俗气的比喻，就像一滴水之于海洋，一棵树之于森林。

如果真正为了孩子的发展着想，父母首先要丢开“只希望我的孩子好”的自私想法；其次，要教会孩子去追求和别人相一致的目标。当然，这么说，并不是让孩子人云亦云，而是说，孩子的价值观要和社会的利益想吻合，不能相悖。这样，孩子在帮助别人的过程中，自己的很多问题就会得到解决，这就是我们经常说的网络系统或者支援系统(support system)。

所以,请放手让孩子去经历,让他知道,如果关怀别人,最后的结果总会回馈到父母和自己身上。这样,父母不用特别花费精力,孩子也会优秀地成长。

另外,我希望父母和孩子都能脚踏实地。即使奉献于社会,也没有必要树立伟大又遥不可及的目标,在自己力所能及的范围内做事情,足矣。

举例来说吧。我的三儿子洪柱,曾经与耶鲁大学法学系的同学一起为海地难民进行过一场声势浩大的诉讼。经过坚持不懈的努力,他们最终赢了诉讼,救出了海地难民。这不只是为摆脱种族歧视开辟了一条光明之路,同时也对那几个参与诉讼学生的前途产生了很大影响。因为这件事,洪柱在美国社会广为人知,之后他能在克林顿政府中出任助理国务卿,主管人权事务,我相信跟这次善举有很大关系。

这件事情生动地诠释了在帮助别人的过程中,自己也可以获得很多好处。因此,我想再次强调,**帮助别人就等于帮助我们自己。**

而孩子能否自觉做到这一点,父母的引导很重要。如果父母因帮助别人而感到快乐,并与孩子们分享这一快乐的过程,孩子们自然而然就能受到感染,自觉地去参加社会服务。

你都想象不到,孩子亲自参加社会服务,得到的教育效果有多大!在帮助别人的时候,孩子会感到快乐,会得到成就感和自豪感。如果经常体验这样的感觉，他就会想过有意义的人生，而为了实现有意义的人生，孩子就会想要知道更多，不用其他人提醒，他都会自觉地学习。这跟父母强迫孩子学习，或者是父母为了孩子的学习而完全牺牲自己的情况，有着本质区别。

让孩子自觉地学习是父母和孩子都能得到幸福的方法。

就如同你想看到一朵花开，首先要把种子播到肥沃的土壤里，而不是把它握在手心里。要让种子吸收阳光雨露，接受风吹雨打，自然而然地，花就会开放。

9. 社会服务是孩子成长的肥沃土壤

对于普通家庭而言，如果做大型的社会服务有些困难，那么可以引导孩子从小事做起，捐款就是一种不错的方法。据说，犹太人每逢12月末，就会一家人围在一起，商量要向哪个团体捐款，这是一个很好的募捐传统。

我带领的东岩文化研究所是个非盈利机构，靠接受社会募捐生存。近五十年来，我最大感触的就是，与韩国人相比，美国人更习惯于奉献。东岩是为韩国人而创建的，目的在于提升韩国人的形象，促进韩裔孩子的发展。但事实上，与此没有太大关系的美国人却更加卖力地做着奉献。因为他们的社会中已经建立了捐款或者做社会服务、参与慈善事业的传统。

让我觉得遗憾的是，在美国的韩国人中，70%以上的人捐款很少，或者压根不捐款。一方面，大家喊着闹着要自由和平等；另一方面，却不想为此做出奉献和牺牲。一心只想索取，不懂得付出，这种意识，看起来是不让自己吃亏的“聪明之举”，其实只能说明这些人目光短浅、缺少爱心。

我多么期待韩国人能为东岩的发展做更多的努力啊！

话说回来，如果去捐款，让孩子参与其中是一个非常好的方法。从决定要捐款到哪个团体的阶段开始，让孩子动脑筋思考帮助谁最有价值。这样，孩子就会领悟到自己将来的社会位置和责任，逐渐拥有成为大人物的资质。

当然，教育孩子的方法并不只有带领他做社会服务这一种。平日里，亲人、朋友之间互相体贴的行为，也有很好的教育效果。

我们家有个习惯，每逢过节，我的孙子们就会挑选小小的礼物送给我。

有一次，小学二年级的孙子送给我一个很有趣的两层茶杯，上面是一个带盖儿的水壶，可以放茶叶，下面是茶杯，精致又实用。我很感动，问他从哪里找到这样的礼物。

孩子说，看到奶奶非常喜欢喝茶，所以在学校的义卖会中买了这个茶杯。

你看，即使是一个小孩子，只会接受的孩子与经常帮助人的孩子之间的差距也很大。经常帮助人的孩子，为他人着想已经成为了他的思维方式和行为习惯。

更难得的是，孩子在送我礼物的时候，没有随便买一个送来，而是进一步考虑到我的需要和心意。这种体贴，让我倍觉珍贵和快乐。而孩子看到他为我带来的这种快乐，也会由衷地感到为别人着想，是一种美妙的享受。

“一个人伟大与否，取决于他给予了别人多少帮助。”

我再一次想起了父亲的这句话，同时这也是我和先生经常教育孩子们的话。我们全家人，都愿意为了实现这句话而努力，并且，我们愿意将此作为遗训而代代相传。这是我们的传家宝，我们的确从中受益匪浅。

10. 教育没有终点，我们一直在路上

在解答数学习题时，很多人常用这样的方式：不是努力算出答案，而是先看习题后面附录的答案，然后返回去推算和理解。

这样的人看到那些眉头紧锁计算答案的人，会觉得他们很愚蠢，认为自己算出答案跟先知道答案再回头理解是一样的。但是，真的一样吗？

推而广之，在教育孩子的问题上，不可避免地也会有持这样想

法的人。很多偷懒的人都希望有人告诉自己,自己的孩子该怎么教育,然后,照着这个答案去做。

但问题的关键是,这个问题不可能有标准答案。每个孩子都不同,没有人可以把标准答案告诉你。虽然父母会觉得苦恼,但这就是现实。

而在我看来,之所以没有标准答案,是因为子女教育不是科学,而是艺术。教育问题并不是像“1 + 1 = 2”这么简单和惟一,也不能看到别人主张“A + B = C”取得了成功就去相信他、效仿他。

因此,父母们往往都有这么一个共识:世上没有什么比教育子女更难。

现在,社会上关于子女教育的理论有很多,但这些都只是教育孩子所需要的参考材料。要想成为好的父母,首先就要接受并正确地理解子女教育中没有标准答案这个现实,然后尽全力去作正确的判断。

正因为如此,父母的作用才显得尤为重要。父母要关心孩子,要发现孩子的兴趣,要为孩子布置良好的成长环境,要能看到孩子在这个社会立足所需要的素质,并有意识地去培养。教育孩子永远没有结果,这是一个持续不断的过程,我们一直在路上。

而且,由于时代在快速地变化发展,教育方式的转变也是很快的。我们从父母那里学习到很多好的教育方法,它们在我们成长的过程中也起到了很好的作用,但并不一定适用于现在;或者是养育老大时的方法，到了老幺这里却不适用。

面对这样的情况，我摸索出来的方法是，自己要持续学习和成长，同时来教育孩子，让他成长。我觉得这就是父母应该扮演的角色。成为好的父母也属于人生的一部分，需要我们不断经历艰辛才能实现。

对于很多问题，我也没有答案。作为母亲，我只是找到了每个孩子的优点和缺点，然后激励、保护并指导孩子们，使他们的人生能够得到均衡。

其他的都是方法部分，不管使用什么方法，核心是要有一颗和孩子同在的心。

虽然只有这样的心是不可能解决问题的，但这是种信念和力量。越困难，就越要树立好目标，并努力去实现。

同时，父母也要让孩子拥有一颗与自己同在的心，时刻面对自己，帮助自己。这样，孩子才不会因为遇到困难而轻易放弃。

11. 教育不是经验的传达，而是和孩子一起探索、学习、互通有无

子女教育，有时要针对具体情况具体分析。因此，父母要时刻关注孩子的成长阶段、发展状态，并保持高度的警觉。同样的方法，环境变了，孩子的年龄和心理变了，也会有不一样的效果，有时甚至可能起到反效果。再有意义的故事，也要挑合适的时机去讲。

记得孩子们第一天上学时，我让他们穿白衬衫和西裤。周围的同学都是美国人，我担心孩子在他们面前没有信心，所以要他们穿得干净、有品位。想法是没错，但当时却起了相反的作用。由于这样的着装太拘束，在运动的时候孩子们在体育课上无法自由玩耍，也就没办法跟其他同学融入到一起。本来我是希望通过着装拉近孩子和其他同学的距离，结果却南辕北辙。

当时我总结教训，发现着装要根据具体的情况和场合来选择。后来，在美国生活久了，我渐渐感受到，事实上美国高度崇尚自由性和创造性，有点不拘一格的意味，而我们的这种“韩国式端正”很多时候是不适合的。这种文化氛围的差异，让我在很多方面碰过壁，当然，也包括教育孩子这件事。

再用心的父母，也没法保证任何时候都能正确判断。何况我们生活在国外，遇到的问题更多更复杂。我不断地对这些失误进

行总结和反思，花费了很多心思。

另一个重要的反思是，我不能太看重自己作为长辈的角色。为什么这么说呢？长辈意味着权威和经验，意味着要让别人听自己的。但事实上，在急速变化的多元文化中，这种经验是靠不住的。**不把自己当长辈，而是跟孩子一起探索、学习、互通有无，这种做法让我在孩子的教育和沟通上变得更加自由和开明了。**

我想劝告父母们，一定要丢弃要求孩子“这么做，那么做”的固有观念，同时也要丢弃把孩子赶向特定的方向的强迫观念。

还是那句话，子女教育没有标准答案，每个孩子都很特别，都需要我们去特别对待。下次在你要求孩子做什么之前，先问问自己，为什么要这么做？我想通过这么做达到什么目的？有没有更好的方式？

明确了这些，教育孩子的方法就会清晰起来。

再回到那个着装问题上。由于一开始判断失误，后来我就有意识地根据情况来指导孩子。我那六个孩子，每个人都有自己的特性，即使是同胞兄弟姐妹，每个孩子的状况都不一样。同是医学院毕业，我的大儿子经常西装革履；但身为麻醉科专业大夫的二儿子却喜欢穿工作服，即使在接受电视台采访时，也是穿着手术服。

站在母亲的立场上，我当然希望孩子们都像大儿子一样穿着干净、正式，我也这么要求过他们。但是我认为，应该把这些都看作是孩子们的个性，尊重他们。如果我不断唠叨二儿子穿着要正式的话，只会伤害双方的感情。头脑聪明、一心扑在研究上的二儿子哪有时间穿衣打扮呢！

肯定孩子的价值观和价值取向，对于他们自豪感的建立很重要。孩子的价值取向从小就有，即使是兄弟姐妹也都有所不同。父母应该将这些都看做是优点，并从内心去理解和尊重。

父母的作用更多在于把握大方向。再疼爱孩子、关注孩子，父母也没有权力插手孩子的每一件私事。**孩子有他们自己的路要走，这些选择，跟父母没有关系。**

12. 父母如何过自己的“第二人生”

大家都说“做父母的过程等于在过第二人生”，这个说法很贴切。成了父母之后，我们会发现自己的生命出现了一系列的变化，并从中体会到前所未有的惊喜、紧张和幸福。有了孩子之后，之前人生中种种动荡不安的因素开始沉淀了下来，我们感到生命从此有了根基，而我们跟这个世界终于有了关系。很多事情，我们需要重新发现、认识和学习，这个成长过程就是父母的“第二人生”。

父母该怎么经营自己的第二人生呢？

根据最近的趋势来看，不管是在韩国还是在美国，很多女性为了育儿而放弃了自己的工作，即使她们受到过良好教育、有着丰富的工作经验。女人天性顾家，比起自我成长、自我实现，很多人更看重孩子和家庭，为了孩子甘愿放弃了自己的事业和成就自己的机会。

问题就在这里。

将自己的事情丢在一边、完全为了孩子而牺牲的想法，无论对孩子还是对母亲来说，都是非常危险的。

真正的爱和教育，不是牺牲一方，成就另一方，而是双方共同成长。父母和孩子的关系应该是互相陪伴、互相扶持的，无条件的牺牲只会导致不必要的执著和空虚。

就像别人说的，我有六个令我自豪的孩子。但是，我不认为我必须要为了孩子而牺牲我的幸福。我不会把教育孩子当成自己的事业。事实上，如果我这一生只教育出了六个优秀的孩子，我不会感到多么有成就感。我做自己的事业，同时，能给孩子们以帮助，这才是让我骄傲的。而我的孩子们也很认同这一点，这从他们为了庆祝我的花甲而做的花甲纪念集（高京柱编辑—作者注）中就能看到。

在孩子们眼里，我是慈爱的母亲，是被他们所尊敬的母亲，而不是放弃自己的幸福、完全为了他们而牺牲自己的愚蠢的母亲。

孩子们为我所做的事业感到自豪，也从中受到很好的影响。不但是我的孩子，其他移民家庭的情况也一样。如果父母在自己的事业上做出了不错的成就，他们的孩子自然会把父母当做榜样，去获取自己的成功和幸福。

请父母们记住，总把目光投给孩子，会给孩子负担，他们并不喜欢这样。当孩子过多地依赖于父母时，一遇到错误，他就会责怪父母照看不周，而不会从自己身上分析原因，并承担责任。

这样的话，父母以爱为出发点，却往往会导致孩子离成功和幸福越来越远。

如果母亲有自己的事业，即使身体很疲倦，心理上也会有一定的空间。**总是凝望孩子的母亲，会让孩子害怕。**相反，如果母亲“有时忙碌起来没空管自己”，如果母亲“除了在家之外，在其他方面也很热情”，这样的母亲会让孩子觉得更加亲近，更值得尊重。

父母们要明白，**孩子给了我们第二个人生，是为了丰富我们，而不是剥夺我们。如果我们因此而放弃和牺牲太多，会违背了孩子最初来到我们生命中的意愿。**

13. 要让孩子在家庭里感到安心

美国人看了我的孩子们的电视访问,都觉得不可思议。当记者问他们怎么才走到今天这一步时,他们都回答说是因为东方式家庭的价值观。

在韩国,很多人特意把孩子送到美国留学,但是在美国出生、接受美国教育的人竟然如此推崇古老的东方式教育。

因此,许多人都对我们的家教方法很好奇,特别是生活在美国的韩国父母。

但是,我想告诉他们,我们家的教育并没有什么特殊之处。我们夫妇只是将我们从父母身上学到的东西,结合西方文化,并从中找到适用于孩子们的方法。

我父亲很推崇西方式的社会奉献精神,他也从来没有男女差别的意识。当年我出生时,家里的老人感到很失望,但他却夸下海口,说一定会把女儿教育得比儿子还好。我不到 20 岁就被父亲送到美国留学,当时正是家里比较艰难的时候,由此可见父亲对我有着怎样的期待了。

相反,我先生的家庭受儒家思想影响很大。他出生在济州岛的书香世家,家里代代都是老师,据说其十三代祖先文卿公还做过朝鲜国王的老师。在这样的家庭环境中长大,很多儒家的传统思想在他那里根深蒂固。

比如作为家里的长男,他有很强的责任感。工读期间,没有经济能力孝敬父母,但即使是去银行贷款,我先生每月也会给父母寄钱过去。后来我才知道,我公公并没有花这些钱,而是都存了起来,再加上自己的钱,以儿子的名义去买地。每次想到这美丽的父子之情,我仿佛领悟到了儒家式家庭主义的精髓。

作为一名历史社会学者,我十分了解儒教社会。我先生也通过留学生活吸收了西方价值的优点。我们身上的这些价值观念,自然地渗透到了孩子们身上。所以,在我们夫妻的教育下,孩子们等于说是同时接受了西方现代教育和东方传统教育的洗礼。

当然,教育的过程并非总是一帆风顺,东西方的差异和碰撞,一不小心就会产生极端矛盾的价值观,我们尽量去调节,虽然这样做起来并不容易。

令人遗憾的是,当今社会上接受美国教育长大的孩子,一说起东方式教育,首先的反应就是就“不合理、不恰当”,他们觉得父母那一辈所持有的儒家价值观是陈旧的、保守的。当然,孩子们抗拒东方式教育,自有他们的理由。比如,父母们没有真正地将东方式价值观的优点在生活中表现出来,或者,父母也没有真正理解东方式价值观的精髓。

真正的东方式价值观,是让我们在家庭里感到安心,让家庭成为我们的骄傲和进取的原动力。家庭是一种回归，是我们的根基所在，不管遇到任何困难，家庭是支撑我们走下去的力量。

而我们的东岩文化研究所，也主要是对东方式价值观进行比较文化的研究，希望通过这样的努力，让孩子们找到自信心和自豪感。

为了达到这个目标，我们持续进行演讲、召开讨论会、出版月刊、开发网页，做了大量的工作。在过去50年中，通过东岩文化研究所的社会服务活动，孩子们理解了自己的父母，同时也找回了自我身份和自信心。

另外，在东方传统中，孝顺父母很重要。我的父亲就是个大孝子，我也受到同样的教育，把“孝”字作为我平生的座右铭，尊敬和孝顺我的父母。

还有，不管是美国式教育，还是东方式教育，都很注重培养孩子的独立性。

记得小学三年级的暑假，父亲就让我独自去黄海道的爷爷家。当时还没有现在这些大众交通工具，我又领着两个淘气的弟弟，从首尔去遥远的黄海道平山的爷爷家、瑞兴叔叔家、南川大伯父家，还有沙里院外婆家等。即使现在看来，这些距离也不近，但在那个年纪，我却能够平安来回。这样的机会和经历，让我获得了很大的自信心。

在20岁前后，孩子就要独自开拓自己的人生，**父母能够给孩**

子影响的时间不是很长，所以，在孩子离开家之前，父母应该尽全力去培养，在此之后，例如选专业啊、工作啊、择偶啊，就靠孩子自己去决定吧。毕竟，父母不可能一直陪在他们的身边。

所以要培养孩子独自判断的能力，这样，离开父母，孩子也能好好生活。

另外，要说的一点是，不要一开始就期待能从孩子那里得到回报。“养儿防老”的观念并不怎么时髦，在很多时候期望越大，失望也越大。

很多父母在抱怨，说子女对待他们照顾不够周到，不知道回报。其实，作为孩子，他可能因为事业正处于上升期，没有太多时间和精力回家探望父母；他可能还没有发展太好，没办法给父母太丰厚的条件，让父母享清福。当然，他也可能并没有尽到心。

但是，培养孩子是做父母的责任，责任尽完，就可以安心了。至于回报，那是孩子的事情。

为什么不换个思维方式呢？养育孩子的过程、孩子在身边的日子，就是孩子对父母的回报。因为，作为父母，我们都因为有了孩子而备感幸福。孩子带给我们生命的安详和愉快，是其他任何人都替代不了的。

14. “东方的孝道”成就大人物

我的孩子们做过太多让我骄傲的事情，我都一一记在了心里，但这一件我不得不说出来，跟你们分享。

2004年3月17日的《亚洲周刊》中有篇文章，题目为《花甲之年的布莱克墨法官集锦》。众所周知，布莱克墨（Harry Blackmun）生前曾担任美国联邦最高法院大法官24年，作为20世纪美国最重要的大法官之一，有着深远的社会影响。在他离世5年后，美国国会图书馆公开了含有他人生经历和法律主张的资料。这批资料相当丰富和全面，不但有文字，还有影像。而其中最重要的一部分，布莱克默的口述历史，正是由我的三儿子，耶鲁大学的高洪柱教授记录和制作的。

洪柱在1981到1982年期间，曾担任布莱克墨的助理，成为耶鲁大学教授后又成为了布莱克墨大法官的史官（记载大法官历史的人一作者注）。1994年，布莱克墨法官宣布退休。此后一年间，洪柱邀请他到耶鲁大学法学院，对他进行了30多个小时的采访，并录下了全过程。

这样的影像资料记录了布莱克墨法官对各项案件进行的判决和其中的心路历程，一经发表，立刻引起了广泛关注。毕竟，无论对于法律人才还是普通人来说,关于美国联邦最高法院的内容,都是很难轻易看到的。

而我想说的是,洪柱的这个举动,其实是受之前的一个类似的创意启发。

1980 年,洪柱的兄弟姐妹们出版了一本书,来纪念父亲的花甲之年。而作为母亲,我相当支持,因为这也是我的意愿。在韩国,人到花甲,是特别值得尊重和庆祝的。我很想把花甲这个东方的美丽风俗传达到美国。在他们发行父亲的花甲集时,我做了些指导,但是在 1992 年他们又要出版我的花甲集时,他们就完全靠自己来完成了。

我想,记录前任大法官布莱克墨一生的资料,并将之公开于众,是否也是为了纪念和庆祝法官的花甲之年呢?重视这些事本身,也是来自于出版父母的花甲集的经验吧。

通过这一举动,洪柱成为记录大法官历史——也是被誉为美国最高内幕(Ultimate Insider)——的第一人,因而受到了整个社会的关注。

孩子当然是靠自己的才华和实力才做成这些事情的,但是,我仍然骄傲无比。是的,当我写下这些时,内心承载着满溢的快乐,因为我知道,孩子光彩熠熠的成就上面,还闪耀着我和整个家庭的光芒。

第 ❷ 章

子女教育不是科学，而是艺术

先不要管孩子愿不愿意读书，父母率先读书就可以了。也别管孩子们喜不喜欢运动，父母率先开始运动，让孩子看到就可以了。父母满怀热情地引导，孩子迟早会受到感染和召唤，乐颠颠地跟上。

我们作为母亲，作为父亲，要始终怀有自豪感。不要盲目崇拜，一味觉得其他国家的教育体制更合理、理念更先进，其他家庭的教育氛围更好，其他孩子的学习方法更得当。每个国家，每个家庭，每个孩子都有自己独特的情况，父母一定要首先立足于我们传统的教育哲学，了解它，并运用它。在追随其他国家的文化之前，先了解自己国家的文化，这样才能坚持自己的标准，不会人云亦云。

另外，我始终觉得，母亲对孩子的影响永远是最重要的。天下的母亲们啊，要注重自己的角色，完成自己的角色，不要只满足于教育孩子，也不要停留于只教育自己的孩子，母亲要成为孩子的导师，甚至是下一代的真正导师。

1. 绝对不要为孩子牺牲自己

我怀上第一个孩子的时候，心情很焦虑。我日思夜想怎样做个好父母，怎么才算好父母，加上当时又没有别人的指导，连相关的书籍也找不到。我陷在这样的焦虑中，不能自拔。后来，我想起了我的父母，回忆起他们对我的教育过程，瞬间，不只是育儿问题，就连人生问题也好像是重新聚焦了一样，变得清晰明朗起来。

我的父母不是为孩子无条件牺牲的人。他们始终在学习、进步，充实自己的人生，他们的生活态度和世界观影响到了很多人，也成为孩子们的榜样。

我从小时候他们对我的教导为起点，重新回顾了我的人生。这真是一次漫长而获益匪浅的过程。在回忆中，点点滴滴的细节，如同养分重新滋养了我的内心。对我来说，怀孕不仅是做母亲的开始，而且也是作为一个人，重新考虑今后的路、该做什么以及不该做什么等问题的宝贵契机。

一般怀孕的母亲都是如此，在欣喜的同时会担心自己是否有能力成为一个好母亲。这种担心是必要的，一定要听从自己的感觉，有了担心的情绪，不要逃避，不要视而不见，要多考虑如何解决和疏导自己的担心。这时如果想不清楚的话，以后就可能受到影响，偏离好父母的标准。

那么，如何成为好父母呢？

很多父母爱孩子至深，可能认为要一切为了孩子，无条件为孩子牺牲，这样才能保证孩子全方位受到呵护。

但是我不这么认为。前面的文章中我也提到过，作为父母，关键在于如何能够成为孩子们的引导者，帮助他们看到未来、走上属于自己的人生道路。

要想成为最好的引导者，父母首先要思考自己的人生目标。为了目标，计划好自己的人生，日积月累，始终进步，并有能力去帮助和影响他人，方能成为孩子的好榜样。如果父母没有这样的能力，不能给孩子适当的指导和帮助，不能让孩子从内心里感到敬佩，那么，孩子们自然不会向他们学习，即使他们为父母的养育之恩感激不尽。

仅仅有能力养育孩子，却没有能力引导孩子的父母，并不是合格和优秀的父母。父母自己一定要有目标意识，即使为人父母了，也要继续努力。**父母的人生应该是完整的，不能被孩子所隔断。**

做到这点，反而会比无条件牺牲更难。但是，这才是真正爱孩子，也爱自己的父母要选择的路。

在这一点上，我们要想想，现在我对孩子的所作所为是不是出于真正的爱？我是否被一定要为孩子无条件牺牲的这种价值观所包围，执著于孩子，而忽视了让自己成为被孩子所尊敬和爱戴的父母？我是否将孩子看作是去完成自己未完成的梦想的代理人？父母生育了孩子，但并不能拥有孩子。父母和孩子从一开始就是各自独立的，大家都有自己的人生之路要走，如果爱孩子，就要从"好母亲情结"中摆脱出来，努力做自己。

最好的家长都是孩子的引导者，为孩子的成长出谋划策。

2. 父母的一举一动，都会像镜子一样反映到孩子身上

在我花甲生日时，我的孩子们与其他60多名前辈、同事、亲戚、弟子一起，为我制作了关于我的人生的纪念文集。

我想，他们制作这个纪念集的目的，是在赞扬和祝福自己母亲的同时，将我的人生哲学和价值观传给后代。里面有很多回忆的文章，每一篇都感情真挚，让我感动不已。特别是小女儿庆恩的文章，里面记载着作为个人的我的价值观，和作为父母的我的教育观，让我惊讶和感激。

现附在这里，跟大家分享。

母亲的人生是波折又激荡的。她19岁离开了故乡韩国，留美时历经艰辛。后来因为朝鲜战争被困于美国，结婚后生下了我们兄弟姐妹。母亲是个了不起的人，她在照顾家庭和孩子的同时，获得了硕士和博士学位。

母亲对于新事物，有时也会有着害怕的情绪，但面对这些陌生的压力和挑战，她总是能够堂堂正正地面对。在我看来，她是依靠以下三个座右铭坚持到今天的。她虽然没有说出来，却用行动展示给了我们。

座右铭1:所有的状况都有对立面,去感谢它

我们家客厅的钢琴上有个大大的白瓷瓶,是陶艺家沈相号先生的作品。这个白瓷瓶有点特别,从一面看,它线条流畅,跟其他花瓶没什么两样,但从另外一面看,它是凹凸不平的。

我记得一次母亲一边小心翼翼地擦拭着它,一边说道:“不完美的完美正是美术的本质和特征。”

她随口说出的话,让正好站在旁边的我印象深刻。我一下子记住了这句话,当时就好像领悟了什么似的。

母亲就是这样,看待每一件物品都会拿出敞开的思维方式。我们在手工制作什么东西时,虽然不是那么完美,但是这样的不完美聚集起来却能呈现完美;插花时,插入的非对称花朵也成了不完美的完美。按照母亲的教导,我观察四周,发现所有的一切都完美了。

这样的发现和改变,让我惊喜不已。

虽然这仅仅是母亲随口说出的一句话。

有时候看到周围发生的对立状况,一开始时觉得很烦恼,很混乱。但是母亲总是让我们看到整体框架,并且告诉我们,混乱之中往往孕育着新生,没准此刻的烦恼和对立就是下一刻转变的契机。

后来还真的慢慢发现,对立状况往往会成为人生的重要转折点。当然,我们要有面对状况的好心态。例如,同样一个情境,抱着独立的心态跟抱着依赖的心态,选择的结果肯定会不同。

而母亲，因为一直知道如何面对和选择，所以那些对立状况对她来说，不是矛盾产生的状态，而且是制造新的和平的契机。例如，在美国养育孩子时会面对各种各样的挑战，很多父母认为这些矛盾和挑战没有办法解决，而选择了放弃。但我的母亲不是这样，她主持了几十年韩国移民的集会，努力促进作为父母的第一代移民和作为子女的第二代移民的交流，帮助他们解决人生中出现的挑战和矛盾，并获得了重大成功。

不管是做社会服务，还是做家务，我都从母亲身上看到了东方的阴阳智慧。就像在太极旗中的太极花纹一样，相反的事物，会形成最基本的调和。万事既是对立的，同时也是统一的。

座右铭2：所有的一切都有自己的美丽，去找出它

母亲有一双善于发现美的眼睛，对所有的一切都心存感激。

这是我新婚时候的事情。

母亲说要到我们家来，我特地出去接她。坐上出租车，我们经过不知走过了几百遍的百老汇附近。当我漫无目的、毫无感觉地观看沿街小店的风景时，母亲却很欣喜，眼睛亮亮的，满脸笑容，一副欣赏美景的样子，好像看到了什么难得一见的东西。

我问母亲看到了什么，母亲开始赞叹："你看，韩国人经营的蔬果柜台上，水果摆放得那么好看，如同韩国的周岁生日和婚礼宴会一样。"她还对着我每天经过却丝毫没觉得怎样的服饰店感叹说：

“怎么才能将颜色搭配得这么漂亮啊?”

那一天,在出租车上,我从对周围毫无感觉的情绪中兴奋起来。通过母亲充满感恩的眼神,我看到了美就在身边。我永远记得那一天,我欣喜的心情,就好像是收到了贵重的礼物一般。

座右铭3:每个人都有自己的高贵,要珍惜它

母亲很喜欢听人家讲述自己人生、家庭或奋斗的故事。每次旅行,她都会去听当地人的故事。对我来说只是平凡的“洗衣店叔叔”、“观光导游”或“站在旁边的人”,但是对于母亲来说,他们都是分享温暖和真心的人。

母亲的这种想要与人交流的热情不断地让我感动。有一次,母亲去法国,顺便拜访了我笔友的家。我的笔友是法籍华人,他的家人几乎不能说英语和韩语,但是母亲回到美国后却说,他们度过了一个愉快的夜晚。我问她,在语言不通的情况下,他们是怎么交流的。母亲说,他们一起去吃中国料理,一晚上都在餐巾上写汉字交流,大家忙得不亦乐乎。其实,他们完全可以只打招呼就好,也可以说,因为旅行,他们很疲倦,闲聊几句就算了。而对方应该也完全理解这种状况。但是我的母亲并没有这么做。在母亲给我讲述我笔友一家的故事时,我一直在观察她,看得出来,她的脸上充满了欣喜,那是从温暖的交流中得到的。我完全可以想象得到,她跟笔友一家是在怎么愉快而美好的氛围中度过了一晚。这样的想

象，这样的表情，这样温暖的交流，都让我深深感动，并且向往不已。

……

从庆恩的文章中，我发现，**孩子无时无刻不在用他们敏感的眼睛观察着父母**。他们会从父母身上寻找具体的角色榜样，效仿，并且把吸引他们的品质慢慢变成自己的。

所以，**父母要细心，更要小心**。

必须要铭记这一点：我们的每一句话和每一个行为，都将完完全全地转移到孩子身上，小到生活习惯，大到人生态度，就像照镜子一般，都会反映给孩子。因此，父母一定要随时随地检讨自己的所有行为。

3. 从想到的那个瞬间开始做

那么，为了成为孩子的榜样，现在该做些什么呢？

大多数人会认为这是非常困难的事情，但其实没什么难的。从今天晚上就开始，关掉电视，推掉不必要的应酬和玩乐，陪在学习的孩子身边，读读杂志、看看书吧。

无论是家庭主妇还是上班一族，都可以从简单易实现的事情开始，一件一件做起来。读书、运动、养花等，找出自己喜欢的事情，一个一个地落实于实践中。带着兴趣去做事情，并从中得到收获，做一个忙碌而快乐的家长。这时，你甚至不用多说什么，这一切，孩子都会看在眼里，并把你当成榜样，自觉地去学习。

我的母亲就是一个没有一刻闲着的人。亲戚们来访，她也总是一边招待，跟亲戚聊天，一边编织着家人的冬衣。受母亲影响，我也养成了勤劳、不想浪费时间的习惯，我在养育孩子们和做家事的时候，也会抽出一切可能的时间来读书。

不管是什么，即使是很小的事情，也不能就此忽略。只要你认为这件事情是好的，对孩子们有积极的影响，并且你可以做到，那么就不要犹豫，赶紧去做吧。千万别认为可以把很简单的事情攒到一起，等到有很多时间了再一起做。那是永远不可能的。岁月不等人，而孩子的成长是时时刻刻的，不是只过了一个时期就可以了。孩子每时每刻都在吸收、学习日常生活的经验，所以千万不能掉以轻心。很多时候，对孩子产生重大影响的，往往不是什么大的挫折和障碍，而是日常生活的一件小事，父母忽略了，孩子的问题得不到解决，就会积累下来，说不定会成为以后生活中的很大的困扰。

所以，要做个细心、敏感的父母，要关注孩子的生活细节，因为父母是孩子日常最为密切的同伴。当然，这种关注首先要从自我做起，在意识到改变自己的必要性的那个瞬间，就要开始。

在我们家中，我和先生的宗教生活给了孩子们很多帮助。我们夫妇从孩子们很小的时候，就让他们每周都去教堂。自 1968 年开始，每年夏天我们都带孩子去新罕布什尔州的山中参加宗教夏令营，这也对孩子们的教育很有帮助。

第一次去夏令营，我事先准备好了孩子们喜欢的紫菜包饭。

到了露营地，才发现其他 300 多人全部都是白人，而东方人只有我们。孩子们没有经验和准备，因为感到自己跟别人的不同，所以觉得很慌张。

用餐时，我把从家里带去的紫菜包饭拿出来。当时在美国，紫菜包饭还不是常见的食品，很多人会觉得很奇怪。

但是我没有在意这些，大大方方地跟孩子们聊天，并把紫菜包饭分给大家吃，这个过程中没有表现出任何异样。孩子们看到我不以为意的样子，也重新找回了活力。那个紫菜包饭在露营地也成为了人人皆知的话题。

在与其他人分享紫菜包饭的过程中，我的孩子们也渐渐放松起来。之后，再去参加夏令营，甚至还有很多孩子们回忆说，那次的紫菜包饭特别好吃。

在夏令营里，我们夫妇也积极创造机会教育孩子。比如，我们在宗教露营里担任东方历史和宗教、文化的老师，上课时，我们的孩子跟其他孩子坐在一起，听我们讲课。当他们告诉别人"那个老师是我的母亲"时，就会感到特别自豪。慢慢地，我们通过自己的实际行动，把一个观念灌输给了孩子们，那就是在美国作为东方人并不是什么障碍，而是我们的特权。

我们夫妇并没有做什么伟大的社会改革，才让我们的孩子心存尊敬。我们只是尽量为别人多做些力所能及的事情，尤其是在与孩子们同在的时间里，让他们将父母视为社会中的一员，去客观地关注。

我们的努力收到了很好的成效，在夏令营中的付出影响到孩子，我们的孩子也开始为其他人服务，后来，女儿庆恩还被选为那个露营的负责人呢。他们每年都会在露营中企划和表演有趣的合唱和剧目，受到了很多人的赞扬。作为父母，看到这样的情景，我们由衷地欣慰和自豪。看到孩子们成长后的那种快乐，是其他任何收获都比不了的。

有趣的是，由于我们自己没有把东方人的身份当成行动的障碍，在美国的很多领域都表现得很活跃，后来西方人也不再把我们当做是纯粹的东方人了，而是真正认可了我们。

这一点当然值得高兴。然而，更重要的是，通过这个过程和努力，我们的每一个孩子都开始发挥出了自己的领导能力，并且，他们的表现越来越棒。

作为母亲，这是我最大的骄傲。

4. 先别管孩子愿不愿意读书，父母率先读书就可以了

在父母看来是非常细微、不值一提的事情，很可能对孩子造成极大的影响。

在前面也提过，有对韩国夫妇的孩子跟我的孩子从性格、价值观念、自信心等方面都很不一样。那个孩子对祖国没有任何概念，自负，又自卑，对于未来也很少打算。出现这种差异，并不是因为父母为孩子牺牲多少不同，更不是因为哪个父母更爱孩子的缘故。我觉得这是根据父母在孩子面前的态度和表现而决定的。在孩子面前，对每件事都要表达出肯定和自信。

此外，要父母以身作则成为孩子的榜样，并不是让父母成为伟人。父母只要比孩子提前一步进入状态，引领状况，调动氛围，在

每一件小事上都表明立场,做出让孩子思考和学习的模样就可以了。

先不要管孩子愿不愿意读书,父母率先读书就可以了。也别管孩子们喜不喜欢运动,父母率先开始运动,让孩子看到就可以了。

当然,最好的情况是,父母喜欢做的事情恰好也是希望孩子学习的地方。这样,父母可以满怀热情地引导,而孩子迟早会受到感染和召唤,乐颠颠地跟上。就像衣服被五月温和的小雨打湿一样,孩子的心会被父母的引导和召唤打湿,春风化雨,他们会自然而然地吸收父母美好的言行和信念。

5. 感情好的夫妻,更容易成为成功的父母

父母相互尊重,会对孩子产生决定性的影响。而常常吵架的父母,尤其是常常当着孩子的面吵架的父母,他们孩子的成长肯定会出现问题。

夫妻间普遍互相尊重的现象,是东方家庭的一道风景。一说起东方式家庭主义,人们大多会想起家长式作风的弊端,但是,我们的传统有更多值得肯定的地方,需要我们发掘和发扬。

例如,在我父母那一代,夫妻之间不会随便说话,即使说,也总

是使用敬语，因此即使有比较激烈的冲突，也能用较为柔和的语言表达。这样一来，冲突就减弱了很多，可以让双方都稍微冷静下来，自然地站在对方的立场去考虑问题。

互相尊重中会产生忍耐力。这是夫妻相处时很重要的一点。再天造地设的夫妻，也会有分歧和差异，如果不懂得忍耐，必定会不断起争执。

有些人认为我和先生的感情会特别好，或者共同点非常多。但其实，我们与其他夫妻没有什么不同。也并不是说我们不吵架，只是一开始我们就很了解对方的长短处，所以，遇到分歧，我们更懂得尊敬和认可，而不是粗暴地拌嘴或大吵大闹。

我们之所以尽量避免争吵，而是用沟通来解决问题，还有一个重要的原因是我们不想影响到孩子，想努力为孩子们做好榜样。

我和先生在学问研究上有很多共同点，但在琐碎的生活上，却有很多分歧。例如，他对什么都很节省，我则不然。虽然我也不是喜欢浪费或奢侈的人，但在具体细节上经常跟先生发生冲突。如果要请客，我喜欢准备很多材料，这个、那个，丰盛而周到。他却看不惯，每次都跟我强调说，不要忘了工读生的身份。我就不同意，我们是在请客，难道不该比平常好一点吗？

“如果要这样，就不要再请客了。”最后，看到说服不了我，他说。

“我再也不请了。”我也赌气。

但是过一天，客人又来了。我们俩朋友都多，很多熟悉的人不用你请，他们自己都会来。特别是在20世纪50年代，波士顿既没有韩国饭店，也没有卖泡菜的，我们成了朋友们吃韩国料理的聚集点。

我想尽我的诚意去招待客人，把菜准备得好一点，用新鲜的材料、上好的食物。我很有兴趣去做这些，虽然这样会非常累。但他竟然一句谢谢都没有，反而责怪我。

我非常难过，但忍着不跟他吵架，并且，我知道我们之间差异的原因，并不是因为他不好客，而是成长环境不同。我的父亲是个企业家，我从小生活优越，而母亲也特别注重饮食；而先生从小离家过寄宿生活，不同的环境，肯定会有不同的生活方式和待客标准。通过与丈夫的不断对话，我们彼此慢慢认同了这种差异。

有时候也觉得正如母亲所说，夫妻之间有差异是好事，这样才会彼此珍惜。

尽管我们尽量避免，但争执还是有的。若被孩子们发现我们在吵嘴，我就会想起母亲曾说过的"一个家庭里面至少得有一个唱红脸的"这句话，而我也这样告诉孩子们，跟他们讲，要允许差异的存在，夫妻之间的差异在家庭生活中也有益处。当然，在孩子面前，我从来都是为丈夫树立父亲的权威。

这也是母亲的角色。**如果母亲不尊重作为父亲的丈夫，孩子也不会认可父亲的权威，这样一来，父亲的教导就无法站住脚。反**

之亦然。在妻子成为母亲的瞬间，丈夫就要开始树立妻子的权威。如果丈夫尊重妻子、认可她的权威，孩子们才会尊敬、跟随母亲。如果丈夫无视妻子，孩子们也会无视母亲；同样，如果母亲无视丈夫，会使孩子们敌视他们的父亲。

我认识一个女孩子，很优秀，很懂事，但是她告诉我，她最大的苦恼就是处理不好跟母亲的关系。原来，她的父亲嫌弃妻子没出息，一直跟她说，千万别像你妈妈那样。所以这个女孩从小就跟妈妈疏远，长大后她才意识到这种疏远大大地伤害了母亲，也伤害了自己。但是再想恢复，谈何容易。

夫妻生活中难免会在微小的地方产生分歧，但是，决不能过度。特别是如果这种情况经常被孩子们看到，他们的不安情绪会远远超过我们的想象。

夫妻双方如果都抱有以交流来解决一切问题的态度，那么，一切的分歧都容易处理。当然，交流并不可能会完全消除分歧，但可以加深彼此的理解，而这样一来，夫妻感情就会更加深厚。

你看，**教育孩子的过程，也是夫妻相亲相爱的过程；而感情好的夫妻，肯定会教育出更成功的孩子。**

我年轻的时候也不太懂得沟通，动不动就拌嘴，但随着年龄的增长，我发现，用交流来解决问题，比拌嘴效率更高，花费的时间也少。交流就像一座桥，搭建在夫妻之间，即使很难克服的分歧也能够自然地找到接点，让两个人平稳地渡过去。

真的,没有比用尊重和忍耐来交流更好的方法了。

如果我们夫妇一味主张美国式个人主义平等的话,我们现在的家庭也许就不会存在了。虽然我们知道,人人都有平等的权利,但是在家庭问题上,人和人之间碰撞比较多,只讲平等是不够的,更需要互相谦让,懂得取舍和牺牲。对丈夫和妻子都是如此。

想来也真不可思议,我们夫妇在很多方面都不同,我们的婚姻竟然坚持了这么长时间,不但没有受到什么影响,反而越来越幸福,并且把这种幸福传递给了孩子们。

我的先生是那种在规定的时间内必须要完成事情的人。相比之下,喜欢创造和新鲜事物的我就不能掌握时间,不能一直集中精力在一件事上。先生的生活很有规律,而我则更加随意。

只要看看我们的桌子,就能看出来这样的差距了。我的先生喜欢一本一本地看书,并且看完书后,他会把书桌整理干净,而我则喜欢把多本书都摊开来同时学习。难怪他主修条理清晰的法律,而我研究的是发散思维的社会学。

还有,我们在理财上也有很多大大小小的争执。我父亲在我小的时候就让我养成记账的习惯,他常常是把一个月的零花钱一次性给我,让还是孩子的我正确区分支出和收入,养成整理的习惯。

我虽然学会了理财,很独立,但结婚后状况就不一样了。我婆家是由男人来管理钱,与娘家的做法是完全相反的。

结婚后我先生让我把自己的工资存入夫妻共同存折里，我很接受不了，认为他这样是在阻碍我的自由，觉得很委屈。按我的脾气，我会跟他吵架，夺回经济权，但转念一想，这个靠吵架是不可能变回来的。其实我先生的意思也并不是想自己随意支配金钱，而是想掌握家里的主导权。

我婆家是以男人管钱这种方式来树立象征性的主导权的。我想，将主导权给他也有好处，不但能安定家庭，今后对孩子也有好处。而且先生比我细心，把钱交给他能更好地维持家庭的经济运转。经过冷静的思考后，我妥协了，干脆直接把存折交给了先生。

有趣的是，我总能时不时拿到研究费用，这个费用是不计入工资的，所以不必上交。虽然先生提倡细致和节省，我还是有钱去海外旅行，或者外出就餐，可以自由地花费。虽然，小时候我从父亲那里得到的理财训练不能在家里发挥，但我可能应用在事业上，比如东岩文化研究运营、研究费的管理、国际专业人员会的运营等地方。所以，上帝是公平和仁慈的，我总是心存感激。再说了，因为不用管钱，省去了我的负担，我可以更加专注于工作了。

看吧，我们夫妇也有这么多分歧，但好在在教育孩子问题上，我们达成了共识。对于孩子的教育目标，对于如何成为孩子的榜样，我们看法相同，因此才能够互相忍耐，互相妥协。

是的，**我们都想成为好父母，有了这个共同点，我们的其他问题就很容易沟通和解决。有了这样的环境，孩子不可能成长不好。**

6. 夫妻沟通的智慧让爱情的花朵娇艳绽放

夫妻间怎样才能互相忍耐，并维持好的感情呢？我想，知道对方有什么优点，不要一味地坚持自己就可以了。这样一想，优点会越来越好，缺点也会一点一点地消失。假如一开始就认为自己正确，对方错误，并且不知转变，那问题就严重了。要认识到双方成长的社会环境和家庭环境是不同的，这种不同才导致了分歧的出现，这些都是很正常的。正因为如此，双方的交流才越发重要。多想想你们的分歧是文化的差距，而不是人格的差距，这样一来，伤心的事情就会减少了。

有一次，要做的家务很多，先生却在一边看着电视。我有点生气，就问他："如果我们的女儿跟像你这样的人结婚，你会怎么样？"

他不假思索地回答："我会揍他一拳。"

听到这句话，我笑了。他其实知道自己错了，不来做家务，是因为他平时没有养成习惯，并不是有意而为之。这样一来，我觉得心情好多了。

所以，夫妻之间的事情，有的通过争执和讲道理能够解决，也有的解决不了。要知道这一点，并学会区分。当跟他讲道理也解决不了问题的时候，我就想，与其去改变他，还不如把时间放在教育孩子身上来得更明智。

1970 年前后,有一次,加拿大邀请我去做关于子女教育的讲演。当时我作为社会学学者,又培养了几个优秀的孩子,所以常常被邀请去做教育方面的讲演。但每次都把先生留在家里,我觉得有些对不起他,很不安。所以我对主办方说:“子女是我和我的先生一起教育的,所以希望邀请我的先生同我一起去。”

因为旅费和住宿费增为两倍,主办方没有马上答应;但是鉴于我的坚持,最后还是答应了我的要求。

“你要讲什么内容?”

在飞机上,先生问我。

我将我的想法大致告诉了他。没想到他狡猾得很,到了讲课的时候,先上讲台的他把我要说的话全部说完了。我要讲的故事都被他抢去了,不过我并没有慌张,孩子的事例太多了,只要讲起来,我脑子里就会有无穷无尽的故事冒出来。

于是我改变话题,不再讲那些教育孩子的理念,转而讲述“理想的子女教育所必要的夫妻关系”。通过讲课的机会,我把想要对先生说的话也讲了出来,这些都是平时没机会说,只能放在心里的。有趣的是,之前我说什么都不听的先生,认真地听完我的课,并且从那以后,好像更加理解了我的想法和立场。有时候,在其他讲演中,他还将我的故事以自己的方式讲给年轻的父亲们听呢。

这种方式很巧妙,一方面我没有伤害先生的自尊心,一方面,他也明白了我的困难。有了这样的相互理解,我们的感情更好了。

当然,夫妻之间的沟通并不是一定要通过讲演来进行,我的意思是说,如果你们都在努力地互相尊重和理解对方,就会找到减少矛盾和伤害的方法。减少矛盾和伤害,就是增加了理解和感情,慢慢地,爱情的花朵会越来越成熟和娇艳地在你们之间绽放。

7. 父亲的角色是必须的,不可缺失的

要树立父亲的权威。

有些人可能会产生误会:好不容易脱离了家长制,怎么能再倒退回去呢?但我所说的并不是树立传统的不良权威。

举例来说吧,长得健康高大的树都有共同点:树的两边很均衡,也就是说,树并不是只靠一边的养分长大的,而是从左右两边的树根中取得养分,慢慢才能长成参天大树。

我经常感到养育孩子跟种树是一样的道理。要细致入微,点滴入境,要制造能让孩子健康成长的环境。至于在这个环境中该怎么做,父母又不必刻意以求,环境对了,孩子自然会找到对自己有利的地方,吸取养分,不断成长。

前面提到,树要均衡营养,才能长得茁壮,孩子也一样,如果光有母亲的力量,也很难健康成长。

但人们往往充分重视了母亲在家中的角色，而忽略了父亲。其实，父亲在家里的作用并不低于母亲，父亲对于孩子成长的重要性同样很大，父亲的角色不可缺失。

前面也提到过，“在一个家庭里必须要有一个元帅”的古话，我认为这个说法很有道理，并且是长期总结的经验之谈。为了孩子的成长，父亲要做好自己的角色。

那么，父亲的角色是什么样子的呢？我认为，父亲应该象征着一种雄性力量，雄壮、威武、勇敢、进取，父亲应该是严格的、权威的，有时会令孩子觉得害怕的。一方面，他要扮演督促、惩戒孩子的角色；一方面，他也是勤奋、忠诚的榜样。而父亲对于爱的表达，也有自己独特的方式。这些都会让孩子获得从母亲那里得不到的力量。如果父亲角色缺失，孩子在成长过程中只接触到母亲，即使母亲的关怀再无微不至，也不能同时扮演好两个角色，那么，这样的孩子就会显得柔弱、“女子气”重。

同时，母亲也要帮助父亲做好父亲的角色，保证父亲的权威，这很重要。如果母亲漠视父亲的权威，孩子也肯定会受到影响，不会去追随父亲了。

我们家庭之所以能成为美国教育部的研究对象，是因为我们按照自己的方式教育孩子。即使一直在美国生活，受到美国观念和生活方式的浸染，但我们并没有完全“美国化”。尤其是在教育孩子的问题上，我跟先生都觉得，要将东方价值观和西方教育观融合到一起。孩子的茁壮成长和优秀表现让我们看到了实际效果，证明了我们的理念是正确的。因此，我们受到了许多美国人的关注。

其实，在西方价值观盛行的社会中，我们家之所以能够突出，很大程度上源自对先生东方式角色的坚守。在我们家里，先生是权威的，他也很鲜明地维护和坚持了自己的权威。

我们夫妇很少在孩子面前吵架，我们觉得那样会很难堪，不仅影响了我的形象，也影响了先生的形象。

“在孩子们面前要树立父亲作为家长的权威。”

每次这么一想，即使受了委屈，我也能安慰自己。我知道，这样做对所有人都有好处。

跟先生的意见产生分歧的时候，我也会生气，但是，我不会忘记一个事实，即先生和我是夫妻的同时，还是孩子们的父亲和母亲。很奇怪，这样一想，我会很快平静下来，让之前愤怒和委屈的情绪渐渐散去。

从环境和角色互动的事实来看，孩子跟母亲的关系往往比跟父亲来得更亲近。因此，说父亲的权威掌握在母亲手里也不为过。但是如果父亲认识不到真正权威的含义，即使母亲再怎么努力，也不会有太大的成效。世界上的所有夫妇们，我劝你们在有了孩子之后一定要互相交流下什么是真正的权威和父亲角色。

在我看来，父亲的权威并不只体现在父亲的威严上，父亲还要懂得尊重母亲,尤其是在孩子面前。

即使我小先生九岁,他也从来没有"你,你"地随便称呼我。叫我时,他总是加上"妈咪"的尊称。

住在附近的韩国朋友经常笑话我们说,我们家里丈夫竟然称呼妻子为"妈咪"。但是他们不知道在这样的称呼里,透着父亲角色对母亲角色的一种尊重和关怀。

很显然,**父亲尊重母亲了,孩子也会尊重母亲**,并且,会更加尊重父亲。

当然,权威的角色也并非只有父亲可以扮演。父母中有一人必须要有权威,才能带领整个家庭有条不紊地前进。至于谁来担当,完全可以商量,并且看夫妻双方的性格和跟孩子的关系。

我们夫妇就这样阴阳结合地做好了不同的角色。打个比方,其实这就如同演戏一般,什么时候该谁上场,该说什么,该做什么,我们越来越清楚,我们懂得了调节状况,维持家庭的平衡与安宁。

在我们家里,一般喜欢先跟孩子们沟通协商,提前定下孩子们要遵守的家庭规则。如果他们违反了,先生就会采取相应的惩罚措施,当然,这些措施也是提前经过全家讨论协商规定好的。

而我担当的角色更多的是一个聆听者和观察者,我听取孩子们的话,观察他们的心理状态,在出现某种问题的时候帮助他们分析和疏导。先生比较威严和讲原则,而我更加柔和,疼爱他们,帮助他们,并激励他们。

有的家长或许会有疑问,这样父母双方一个唱红脸,一个唱白脸,会不会导致孩子喜欢一个,而害怕和不喜欢另一个?

其实,只要事先跟孩子协商和沟通好了,这种情况就不会出现。孩子会意识到,父母不管怎么做,都是因为爱他。如果父母能把各自的角色扮演好,那么,在孩子的意识里,父母的区分不在于好和不好,而在于角色不同。这是接近事实的正确观念,是应该让孩子建立起来的。

当然,这种父母双方的角色不是一成不变的。比如,当我先生出国访问不在家的时候,我在继续扮演母亲角色的同时,自然也会担当起严格对待孩子们的父亲角色。千万不能因为严格的父亲暂时不在家,母亲就让孩子觉得大松一口气。母亲娇惯孩子,不讲原则地溺爱孩子,这样一来,容易导致孩子对父亲角色的认识产生偏差。无论什么时候,总要有一个人严格地对待孩子,这样,孩子的成长步伐才会稳健而坚实。

也是因为意识到这些,我跟先生平时很注意这种均衡,我们的孩子们才能够健康地成长。

需要注意的是,我们说家庭中父母角色不能缺失,也就是说父母角色都应该存在,但并不是说父母都健在,父母角色就不会缺失,家庭就没有问题了。很多家庭,父母都健在,但依然问题重重。那是因为,人在,却没有扮演起相应的角色。

比如,有些家长认为,教育孩子是母亲一个人的事情,就像在韩国的某些家庭中，母亲把孩子握在手心，负责孩子的一切，父亲只在外面挣钱，挣来的钱由母亲管理。这样一来，孩子面对的只有母亲，他会认为母亲就是一切，不但感受不到父亲的权威，还很容易漠视父亲的存在。

也有家长说，他们夫妻二人都出去工作，非常忙碌，父母的角色尚且都做得不足，更别说抽出时间去考虑角色分配等问题了。

但是我认为，如果真正意识到子女教育的价值的话，就会挤出时间。像我们夫妻，在孩子们小的时候，也天天忙于各自的学习和讲课，恨不得一秒钟都分成两半用。工作和学习已经让我们觉得快喘不过来气了，但是回家以后，我们不会让孩子们看到自己疲倦的模样，即使自己累得不行。我们知道，父母离开一天回家后，孩子们很期待着他们的疼爱和关心。我们再累，也不能辜负孩子的这种期待。

当然，教育孩子也要讲究方法和效率。一个人的力量是不够的，父母要合作，如果母亲忙于家务，就由父亲陪孩子玩，教导孩子学习。反之，父亲若忙，母亲就要抽出时间。

父母角色的分配和教育孩子的种种良苦用心，我们并没有过多地向孩子们渲染和表达，我们顺其自然地尽自己的职责，但这个过程中的点点滴滴，孩子们还是感受到了。

在我的花甲纪念集上，三儿子洪柱留下了这样的话：

“在我们的人生中，如果说父亲教会我们严格和纪律的话，那么母亲就点燃了我们爱的激情和创造性……”

四儿子定柱也说了相似的话:

“如果说父亲是一本开端、发展、高潮、结局起伏分明的小说,母亲就是一篇柔和、包容、优雅又有神韵的散文。”

这些美丽的词句,让我欢喜不已,感动不已。

孩子们十分清楚自己是吸收了什么样的养分长大的,所以,长大后,他们对自己孩子的教育,也继承了我们的精神。他们不认为父母角色因为表现形态不同,父母的爱就有所不同。他们理解这种分配,有智慧地去分担角色,教育孩子,看到他们的孩子在这样的理念下健康优秀地长大,他们自己也感到非常自豪呢。

8. 很显然,孩子都喜欢有力量的父母

我听过很多家长抱怨:孩子一长大,就跟自己有隔阂了,什么事情都不爱跟自己说,而他跟同学、朋友却好像无话不谈。

遇到这种情况的父母,应该好好反思一下到底是谁的问题。我个人认为,孩子不跟父母沟通,主要是因为他觉得跟父母沟通没有意义。一来,父母不理解他,总是从自己的角度教育他;二来,父母不能提出建设性或者启发性的建议。如果跟父母说说心里话,父母总拿自己的经验大做文章,听不进孩子的想法,不尊重孩子的

选择，这样的话，哪个孩子还愿意跟父母谈心呢？

好的父母要始终记住两个词语：**聆听，建议。**

二儿子东柱在医大做研究员的时候，有个财团提出了研究课题，东柱积极响应，提出了一整套企划，但最后，研究费用却被在他看来比自己的企划案做得差的人得到了。东柱觉得自己的方案非常优秀，心里很不平衡，马上给我打来电话。

"那人提出的企划案跟我的性质相近，但是水准比我的差，结果我的研究申请被拒绝，他的却被选用了。怎么可能这样不公平呢？"

听到这话，我跟他说：

"东柱，不要认为这件事是你跟这个财团的最后一件事，要把它当做这是你们之间合作的开始。毕竟，最终的结果还没有定下来，你还有努力的机会。如果你真的对自己的研究项目有信心，就接受结果吧。不要在背后不满和抱怨，那样无济于事，别人也不会知道。去联络评价你研究项目的人，问清楚你的研究项目为什么被拒绝、不足在哪里、为什么没有给你研究费用，借此再次有条理地向那个人说明你研究项目的优点吧。"

听了我的话后，东柱特地从波士顿赶到华盛顿去找那个负责人，将自己研究项目的特点向他一一说明。最终，东柱得到了那个美国最大财团的研究费用，成功地开始了自己的第一个研究项目。

如果东柱当时没有再做尝试，只是一直在那里抱怨的话，肯定就失去了一次推进研究项目的机会。东柱说，我的建议给了他很大的帮助，所以非常感谢我。后来，在他的同事们申请研究费用的时候，他也提出过同样的建议。

其实，我学习的是社会学，东柱学习的是医学，这是两个完全不同的专业。但是在学界中，解决问题的方法都是相似的，我也曾用这样的方法去申请过研究费用，好几次都取得了成功，所以才能够给孩子实质性的建议。

我自己非常珍惜这样的经验，不仅让自己有所收获，同样也能给孩子的成长提供帮助，我特别有做父母的成就感。**所以，我以我的经验告诉所有的父母，一定要让自己成长，不断想办法提升自己的人生，解决自己人生中的问题。这样，当孩子需要帮助时，我们才能担当起一个有意义的角色，而不是陪着孩子一起发愁。**

很显然，孩子都喜欢有力量的父母。

我又想起我的大儿子京柱。他上耶鲁大学一年级的时候，有一次，因为一件什么事情，他给我打了很长时间的电话。

放下电话后，京柱的室友说："我非常羡慕你，我都不敢把这样的事情跟我母亲说，你有这样能听你说说心里话的母亲，真是幸福啊！"

我自己也很骄傲，作为母亲，能成为孩子喜欢的倾诉和交流对象。我始终觉得，这一点很重要。

有些家长说，孩子跟自己没话说；也有些家长说，自己不懂现在的孩子在想什么。其实，当孩子渐渐长大，他的生活内容会发生很大变化，思想也会跟着不断变化，一天一个想法。父母需要了解孩子的生活和思想，才能走近孩子的内心。这样，真的聊起来，父母和孩子之间可以聊的东西有很多。

如果父母不懂孩子的世界，就会感到心有余而力不足，即使很想给孩子帮助，也找不到方法，父母和孩子之间的一扇门被关闭了。父母不能为孩子指明方向，长期这样的话，孩子和父母都会有挫折感。孩子按照孩子的想法，父母按照父母的想法，没有更好的解决途径，双方只能在自己的世界里互相观望。

其实，夫妻间也是如此。妻子和丈夫要互相了解一些对方的世界和圈子，这样，在对方遇到困难时才能提供有价值的建议和帮助，而不是在对方陷入苦恼的时候陪着他（她）一起苦恼。只有这样，夫妻二人才能真正成为对方的伴侣，彼此温暖，互相扶持，一路走下去。

9. 当孩子面临选择，父母该如何引导

还需要强调的一点是：**父母要跟孩子一起成长。**

如果希望孩子成为专业人才，父母也一定要努力在自己从事的领域有所成就，这样，父母给孩子的教育才不是刻意、苍白和生硬的，而是自然而然和有说服力的。因为，以身作则、分享经验，永远比教条的说教更有效。

当然，这并不是让父母成为超人，而是说父母要对自己做的事情认真负责。这些态度都会潜移默化地影响到孩子。父母应该明白，自己的人生之路，与好好养育孩子和给予孩子帮助的路是连在一起的，前者若走不好，后者也必然会受到影响。

子女教育并不是一定要刻意去教些什么，和学校教育一样，子女教育并不是教育的全部。事实上，与学校相比，在家庭这个相对轻松的环境中，父母的教育最好不要有太浓的教育痕迹，父母只要做好孩子的榜样，将自己通过经验得到的智慧提供给孩子，帮助他们自主地找到答案就可以了。

我的一个孩子有段时间跟我说，他学习太累了，想要休学一年。我并没有立刻反对他，而是心平气和地跟他聊了聊，让他想象一下他现在的选择在一两年后会有什么样的结果。事实证明这个

方式很有效,孩子再也没有提过休学的事情,而是更热衷于学习了。

还有一次,我的侄女问我,有两个男生同时喜欢上了她,她该如何选择。

我跟她说:“如果目前看来两个人都不错的话,那就看得远一点,去想象在十年后或者老了以后,谁会是好的父亲、好的伴侣。”

侄女一下子领悟到了我的意思,眨着眼睛告诉我,听我这么一说,她已经有了答案。

所以,当孩子在做某种选择的时候,不要提前告诉他答案,不要替他做选择,要引导他,让他综合考虑一下做出每种选择会带来什么样的结果。这是一种处事思维方式的锻炼和培养。有了综合思考问题的思维,孩子就会做出比较好的选择。并且,由于这是他自己经过考虑后做出的决定,所以面对问题时他会更有责任感。

在孩子遇到选择和做决定的时刻,父母采取的态度和方式会给孩子很深刻的影响。有的父母越俎代庖,长期下来,孩子成为一个不独立、有依赖感,且懒惰的人。相反,如果父母能聪明地引导,就能帮助孩子成长为独立自主、有主见的人。

在引导孩子的过程中,父母既要放低自己,同时也要抬高自己。放低自己的意思是说,父母要跟孩子一起面对他的人生问题,而不是高高在上、指手画脚;同时抬高自己是说,父母要善于把握方向,从更高远更周到的角度给孩子提出建设性的建议和指导,而不是跟孩子一起踌躇不决。父母是孩子的同行者,但同时,也是孩子的灯塔,照耀着前行的路,让孩子更清晰地看到自己的方向。

做到这一点,其实不容易,要很用心才行。我为了能够帮助孩子们找到他们的兴趣和发展方向,从小就注意聆听孩子们的话,也向他们提了很多问题,并且跟他们交流自己的想法。但我从没有为他们规定过具体的方向,比如他们一定要去哪个大学读书,或是要做什么样的工作。我只是一直注意培养他们的思维习惯,让他们自己思考一些问题,比如“你们认为哪些人比较受尊重?”“为什么那些人受到尊重?”或是“你为什么要想走那条路?”“如果你这么选择后,长远地看,会怎么样呢?”等等。当孩子知道问自己这些问题了,他的未来,基本就不太需要家长担心了。

在美国,每到三月份,因为子女面临升学,父母和孩子之间就会经常起摩擦。有的孩子因为不能进入自己理想的大学而焦躁和烦恼,这时,有的父母非但不去安慰他们,反而催促他们找工作,或者是责怪他们。家长这样的做法会很严重地伤害到孩子,让孩子的人生变得艰难,因为他们既要面对自己不够理想的人生状况,又要承担起父母的失望情绪,压力重重。这个时候,孩子需要的是父母的理解、关爱和引导。

我不知道我的孩子们是不是觉得我这样的教育方法给了他们很大帮助,现在他们教育自己的孩子的时候也采取了同样的方式,只给孩子大体的方向性指导,例如要做什么、不能做什么等,具体的主意则让孩子们自己拿。父母总觉得孩子没什么责任感，做事随意，但是，一旦你把决定权交给孩子，他会特别认真地对待，并且会完成得相当好，甚至超出父母的意料。

最近，看着接上自己父母的班、在名牌大学学习的孙儿们，我想起了很多过去与孩子们相处的情景。看到我的孩子们在教育自己的子女时也能收放自如，我感到非常欣慰。这样一代又一代的传承，让人感到希望重重。

而这样的教育，其实每个家庭都能做到。

10. 没有比让孩子亲自经历更好的教育

父母不可能是万能的，对于孩子们提出的问题，自己清楚的部分可以讨论，但是对于不清楚的地方，如果孩子表示有兴趣，就要让孩子去找那个方面的专家，或懂得的人，让孩子亲自去经历那个世界。比如，如果孩子的数学学得很好，也有兴趣在这个领域深造，父母一旦帮不上忙，就要找这方面有水平的人来帮助他。

父母对于自己没有经验的部分，如果仅凭着推测去教育的话，对于孩子的帮助不会很大。有必要的话，可以向前辈求得意见，多多综合他人的经验，对孩子做决定也大有帮助。孩子会通过父母收集来的实际经验，亲自试验自己做这件事情的可能性和适合度，并进一步验证自己的想法，这样一来，选择正确道路的概率就会相应增加。

没有比让孩子亲自经历更好的教育。举个简单的例子，如果孩子想要学习游泳，一定要让他到水里去练习。只看书，看别人游，或者只看动作要领，绝对学不会。

如果孩子有什么想法，或者想做什么事情，不要只通过言语教育他们，让他们在现场实际体验，亲自看和感觉。比如，要教育孩子关心别人，仅仅告诉他们道理是没用的，要让他参与到奉献活动中去，或者让他体会一次需要关心的滋味，这样，他们会很快懂得其中的道理。

经历的印象会比言语来得深刻，这就是我在养育孩子们时总结的经验。

比如我们每年夏天都会参与露营，孩子们在露营过程中，会接触到许多美国人。这些人都很友善，有想法，有目标，很多人还有丰富的人生经历，大家一起交流，一起生活，让孩子们见识到了真正的美国生活。这样的经历让我们全家都很难忘。

在露营中，我们也会向大家介绍了我们家庭的价值观和东方式的思考方式。例如，我们每年都会定下一天为曾参加过露营的已去世的人做铭牌，以表怀念。多年来，这已经成为了一个惯例，自我先生去世那年(1989年)的下一年开始，到现在那里已挂了50多个牌子了。

这样的活动，让我和孩子们都受益匪浅。

在东方，"我"的概念比较丰富，并不仅仅是指孤立的我，还是上一代和后代重要的连接点。我们将这样的东方文化概念与美国的实情结合，间接地让美国人体验到东方文化，了解东方，从而更了解东方人。我们不仅仅将这样的做法应用在了露营中，在其他的场合和团体里，我们也同样去做。这样努力的结果是，虽然并没有刻意为之，但是我和孩子们在那个露营和其他团体中都得到了更多的尊重。

作为在美国生活的东方人，我对种族歧视问题很敏感，也很关注。但我认为，只要自身善良、才能出众、谦逊、有奉献精神，这一问题是完全可以克服的。东岩文化研究所的精神亦是如此，在"探究、学习、奉献"的原则下，让更多人在美国学习到东方文化的精髓，理解东方，也爱上东方。

我认为在超越种族的基础之前反省我们的人生，是非常重要的。要修炼道德，让自己的热情和才能不光用在自己身上，而且能够帮助到更多人过上他们想要的生活。

扯远了，回到前面的话题。我觉得，**教育并不仅仅是给予孩子知识，这个是最初级的教育；更高级的教育是给予孩子引导，让他的内在发生转化**。而最好的引导方式，是不要说教，要让孩子亲自去经历和体验。通过露营、展览馆、博物馆、美术馆、电影、表演、演讲、资源奉献等来教育孩子，让他亲自经历和思考，我觉得成效显著。

前不久,三儿子洪柱为了指出国家宪法上的一个政策错误,参加了美国参议院的听证会。当时,洪柱领着他十三岁的儿子一同去了。

在那个场合,洪柱郑重地介绍了自己的儿子,然后说:“我希望在我子女的时代能够有正确的政策实施,因此,我将我的儿子领来了。”洪柱这样的行为在全社会上引起轰动,还上了当时的新闻报道。

看到这个报道的时候,我很为洪柱骄傲,同时也想起了在我很小的时候经常带我去参加公司聚会的父亲。

这样的经历,对于孩子来说是至关重要和弥足珍贵的。

当然,孩子经历过后,还要对他进行适当的引导,比如要让他思考:

“怎样才能把这个知识应用于实际生活当中?”

“这些经验能给社会什么样的帮助?”

在学习的时候,也同时考虑如何去应用,这是我从我父亲那里得到的教育,也及时地将之传达给了孩子和孙儿们。

理论和实践就像一只鸟的两个翅膀,将学到的知识用于实践中,在实践中不断地探究,这样相辅相成,才能让自己越来越进步。

我想起洪柱所在的耶鲁大学法学院院长室里有这样的汉文牌匾——

理论无实践即无生命，实践无理论即无灵魂。

这是洪柱担任国务卿助理的时候学生送的牌匾。

这是我们家的价值观，经过三代流传下来，现在都传到我孩子的学生那里了。

11. 好奇心让我们活色生香地生活

我的父亲去过很多国家旅行，无论到哪里，他都会给自己的孩子寄明信片。在美丽、精致、充满了当地风情的明信片上，他用非常好看的字体，书写他的感受，书写当地的风俗人情或人文历史，郑重其事地寄给我们。而在每次旅行结束后，他总会带回来很多小礼物和非常神奇、有趣的故事。特别是，他会给我们买一两本书，书里的场景和画非常好看，即使幼小的我不知道是什么意思，还是会反复看上好几次。

那时，看到那些书画，幼小的我就产生了“我要快点学习英语，就能够读懂这本书了”、“我要快点长大，到外国学习”的想法。这些想法，冥冥中也为我今后的人生道路指明了方向。

现在想来，父亲就是通过这种方式，给我创造了很多让我好奇心萌发的机会。基于这些好奇心，我产生了要去经历和体验的热情，并为实现它们而努力。

今天，我能够走上治学的道路，也多亏父母的关怀和激励。治学之路是从对事物的好奇心开始的。父母从小孩子开始说话的时候，就要不断地培养他对所有事物提出类似“那是什么？为什么那样？怎样才能那样？”的问题。

我在养育孩子的时候也努力做到这一点，尽量多地引起孩子们的好奇心。孩子到了两岁，能够自己活动的时候，我就在他们的床头上放了很多图画书，并不是希望他们能弄懂那里面的内容，而是想让他们接近书籍，习惯书籍，并通过书籍为他们打开一扇窗，激励起他们对世界的好奇。

好奇心是我们整个家庭运转的血液，有了它，我们才能活色生香地生活，孜孜不倦地学习。

第 ❸ 章

将孩子培养成真正的大人物

“如果想要什么,就一定要让所有人知道你有多么热切地想得到它。”即使一个人在一个环境中没有做领导者,他也能够以自己独有的热情,尽心尽力地做事。这一点,我认为是一个人成为大人物所要具备的重要素质。

提起大人物，我们脑海中会浮现出怎样的形象呢？大部分人会认为，大人物应该像船长一样，气度非凡，能力卓越，站在那里，自然生出一种威严，能影响别人、带领别人。

没错，大人物是有令人仰慕的气质，不过，有一点我们需要注意：即使是威风凛凛、能力超群的船长，曾经也只是一名船员。他必须经历许多磨炼，才能到达船长的位置。

还有，我们要知道，大人物不是天生的，而是后天造就的。而且，后天的造就也不是随意的，大人物有大人物的成长环境和相应背景，而提供这种环境和背景的，就是父母。孩子能否成为大人物，跟父母紧密相关。

因此，要想培养出大人物，父母就要有意识地去培养孩子的各种素质。

在我看来，大人物应该具备七种素质。

1. 真正的大人物需要具备七种素质

教育孩子时，每位父母都应该先回答一个问题：我希望孩子成为什么样的人？

回答了这个问题，在培养孩子时才会有清晰的方向，而不至于无所适从。

我也问过自己同样的问题，反复思考后，我得出的回答是：

“真正的大人物。”

当然，这个世界上有普普通通的人，也有成就突出的人，有小角色，也有大人物。我并没有说做个小角色不好，人和人都是平等的，我永远坚持这一点。但我还是希望，我的孩子们能够成为大人物。希望他们能多做事情，这是我给他们的定位。我希望他们都能成功，也把成功作为教育的目的。结果，就像大家所看到的那样，他们都取得了成功。

然而，要成为“真正的大人物”并不容易。不仅要有高能力，更重要的是，要能得到大家尊敬和认可。

而父母想要引导孩子的成长，则必须首先做到心中有丘壑。我经过几十年的经验总结，得出真正的大人物应该要具备的七种素质，在这里介绍给大家，希望能对你们有所帮助。

第一,明确的目标和持久的热情。

领导要有作为领导的使命感,这主要来自于他明确的目标意识和热情。这是一个人奋斗的原动力,它能够让梦想成为现实,甚至能让现实超出梦想。

而父母要做的,是帮助孩子找到自己想要做的事情,让孩子树立起自己的目标。

美国耶鲁大学的一个教授在一次讲话中提到:“帮助孩子找到能让他投入热情的人生目标是极为重要的。”孩子的情况各不相同,有些孩子在入学的时候就能够明确自己的目标,而有些孩子直到毕业也不能理清自己的思路。不要以为孩子只要进入名牌大学,就能解决一切,成功就近在咫尺。没有明确的目标和人生的热情,孩子永远不会取得成功。

第二,找到角色,实现自我。

每个人的成长过程都是从关注自己开始,然后慢慢地开始关注周围和社会。一味沉浸在自己世界的人生必然是狭窄和单一的,我们人生的最大的责任之一就是找到自己在社会中的角色,并出色地完成这个角色。

第三,了解自己和自己的文化。

我们都有这样的经验,如果能明确自己是什么人、想要什么、能做什么,那么,我们在他人面前就能坦坦荡荡、堂堂正正,不会迷失自我,也不会无所适从。尤其身处我们现在多种文化并存、多种价值观激荡的时代，如何才能更加了解这个世界？首先，我们要更了解自己和自己所处的环境，听听自己内心的声音，找到自己的答案。这样，我们的步伐才能更稳健，更有力。

第四，德才兼备。

不是老生常谈，不是故意唱高调，关于这个问题，我在前面也讲了很多。只单纯拥有才华的人，是不会受到欢迎的。有才华，还要懂得如何去让才华发散出来。如何发散，这个需要品德来助力。凡是受到爱戴和拥护的人，一定是灵魂高洁、品德高尚的人。

第五，柔韧性和创造性。

做个柔软的人，这点很重要。

我们面对的东西太多，每天都有海量的信息涌向你，里面有各种各样的文化观、价值观，你可以不认同，可以有选择，但是，你不能去拒绝，把它们排斥在外。

不要被固有观念包围，不要坚硬得不能改变。不接受别人，最终也会被别人遗弃。

通融，柔软，有韧性，知变通，才能在这个纷繁错综的环境中游刃有余，并且影响别人。

第六，历史的、世界的眼界。

一个是纵向的思考，一个是横向的观察，都要有意识地去培养。作为一个领导者，两者都具备，方能更加了解当前环境，在多种文化相交的形势下迅速作出正确的决策。

最后，人际交往能力。

都说现在是情报的洪水时代，能够自由自在地组合各种情报为我所用的人才越来越多。因此，知识的多寡已经不是最重要的了，比单纯的知识积累更重要的是运用知识的能力。

而比运用知识的能力更重要的，是人脉和为人处世的能力。

个人的力量终归有限，这个时候，谁能得到别人的协助，谁就更能取得成功。而优秀的人往往在这一点上做得很出色。真正的领导者的能力最终取决于如何协调和引导人际关系的发展走向。

以上是对七种素质的概括，下面我会结合孩子们的经历，就每一种素质，详细地跟大家交流。

2. 他的热情不能只温暖自己，更要温暖到别人

有人没有上学就取得了非凡的成就，也有人即使名牌大学毕业，也没做出什么特别的贡献。我那担任耶鲁大学法学院院长的三儿子洪柱，曾在2005年新生开学典礼上致欢迎辞时这样说过："但凡是取得成就的人，他的人生目标都很明确。"

真正的领导力，来自于对人生目标的明确认识以及为了实现目标而投入的持久的热情。没有明确的目标是不会有热情的。一些没有目标，懒散的人即使做了领导者，也不会长久。如果一个领

导者没有持久的热情的话，他的下属很难有高涨的热情。

所以，真正的领导者，大家会被他的目标和热情所感动，进而尊敬他，情不自禁地追随他。当然，他的热情不能只温暖自己，更应该温暖到别人。如果只为了满足自己的私欲，不管别人的要求和利益，他的热情再高，也不能吸引其他人。一个人，只有当他的人生价值观和他人连接起来时，才能被大家所尊敬。

真正的领导者，不会受到时空的限制。无论什么时候，在什么地方，他的才华和能量就如同沙子里的黄金，始终闪闪发光。周边的人会自然而然地信任他，把工作交给他。所以，热情的领导者是非常忙碌的。即使在一个环境中他没有做领导者，他也能够以自己独有的热情，尽心尽力地做事。这一点，我认为是一个人成为大人物所要具备的重要素质。

这样的素质，我们在孩子参加社会活动的时候就不难发现。你看一群小学生在一起，里面肯定有一两个孩子很积极地组织大家、关心别人，其他孩子则会乖乖听他们的。有些父母很羡慕这样的孩子，认为他们很有天赋。但其实这种想法是错误的，孩子的能力都是培养出来的，年纪越小，越是培养的好时候。如果我们用心观察那些与众不同的孩子的家庭，就不难发现，他们要么是兄弟姐妹多，要么是父母有意识地进行了指导。

我认为，家庭是最适合对孩子进行目标教育和热情教育的地方了。一个家庭，其实就是一个小的锻炼场，在成长过程中孩子会有各种需求,会跟父母和兄弟姐妹打交道,在交流的时候孩子会建立起自己的思维方式。比如,我的孩子们在长大的过程中都知道这样的一个道理:“**如果想要什么,就一定要让所有人知道你有多么热切地想得到它。**”

其实,我并没有刻意去教育他们这么想。当时我们并不富裕,不能满足每个孩子的要求。在这种情况下,谁的要求强烈,并且孜孜不倦地去争取,谁就更容易得到。事实证明,等孩子们长大后,在社会竞争当中,这一点也很适用。

相反,如果他缺乏明确的态度和强烈的决心,只是抱着“要也行,不要也行”的想法,那么,他肯定什么都得不到了。

我的孩子们就是这样,从小就明白没有切实的目标就不能得到任何东西的道理。此外,他们也明白,如果第一次没有实现目标,下次机会就会减少。比如,孩子想学大提琴,经过努力终于得到了这样的机会,我们给他买了大提琴。但是如果他不再努力,几个月都弹奏不出一首民谣,那么大家就会对他失去兴趣,不再相信他当初的热情和真心了。

当然,他会跟你解释说“我这样是有原因的,我不是故意的”,但是这样辩解并不能完全恢复别人对他的信任。所以,下次再有机会,肯定会转移到更值得信任的兄弟姐妹的手中。孩子失去一次机会后,就会更懂得争取,下次再有机会,他就会竭尽全力。

这个不是我刻意教育出来的,我们家孩子多,兄弟姐妹之间必然会形成一种你追我赶、互相竞争的氛围。所以,多子女的家庭,这一点是很好的。当然,对于那些只有一个孩子的家庭,这种氛围就需要家长花些心思来营造了。

3. 使命感、目标意识和热情加在一起,会组成强大的个人力量

跟大家说说我的大儿子吧。

大儿子京柱毕业于耶鲁大学医学院,曾任马萨诸塞州卫生和公共服务部部长,现任哈佛大学公共卫生学院副院长。能取得今天的成就,其中的一个主要原因是,他是一个人生方向很明确的人。

1970 年 5 月 1 日,美国肯特大学发生了反对越南战争的学生示威,3000 名学生组成的示威队伍和国民警卫队发生了摩擦,并造成四名学生死亡。这件事情在美国各界震动很大,后来美国所有大学的学生,加上社会上很多的有志之士,都参加了反战运动。

在反战示威活动进行的同时,曾领导过黑人运动的鲍比·席勒又受到了不公正的审判,这一事件导致了美国上下发起了新一波更为疯狂的示威游行活动。耶鲁大学的学生们也展开了反对种族歧视的反政府运动,形势极为混乱。最后,校方决定延迟期末考试时间,让学生们休学。

那时，京柱是耶鲁大学一年级的学生。虽然我们家离学校不远，但是京柱说要独立生活，已经搬到宿舍去住了。在京柱搬走的时候，我们约定了一件事情。我说："我们想让你自由生活，不会主动给你打电话，不会要求你回来。如果你想家了，就给家里打电话。"

但是之后没多久，就发生了这么混乱的事情。新闻和电台天天播报示威情况，还报道了耶鲁大学冰球场发生爆炸等可怕的新闻。我们夫妇都快担心死了，但为了守约，只能等他的电话，但他一直没有打来。我们只好安慰自己说，可能他是想亲自去观察一下，并判断对错吧，所以一直在学校待着。在担心中等待了一周，终于等来了他的电话。

"我一直在观察，我看到所有人都很有热情，想去帮助美国社会的弱势人群。我也有相同的想法，但是我的结论却跟他们的不一样。我认为要帮助别人，比起热情来，更需要实实在在的能力。没有对策的讨论，其实没有任何意义。"

原来，京柱从示威队的学生身上发现，他们只凭一腔热血，并没有建设性的对策，他觉得可惜。

京柱告诉我们他的决定："我想实实在在地帮助别人，但是这样的心情越强烈，我就越会发现自己的力量非常微薄。现在需要的是对人们有帮助的技术，我决定要学习医学。"

京柱要寻找正义的迫切心情绝对不比示威者差，但是京柱觉得比起所谓的正义,还有其他更重要的事情要做。

他选择的重要的事情就是学医学,将来当医生。这是他的目标,不仅仅让自己动力十足,并且能够激励别人。为了自己的目标而生活的人总是那么热情,并且,他们成功的几率会很大,假以时日,别人肯定会看到这一点。京柱的成功亦是如此。

但是,当上医生之后,京柱并没有就此满足,而是有了更明确的进一步的目标。

后来,他担任了马萨诸塞州卫生和公共服务部部长,负责马萨诸塞州的健康保健工作。这个州在美国历史最悠久,医院也最多,他需要带领6000多名职员,每年执行9.65亿美元的预算和行政,这是非常复杂的事情,对京柱的挑战性非常大。

当时,这个州的医院都拒绝做没有把握的手术,但京柱主张,哪怕有1%的希望,在病人家属同意的情况下,也应该尝试。他提出改革,受到了不希望出现这些变化的保守派的反对,他们经常提起诉讼。前前后后京柱共接到了13次诉讼,但这13次,他都胜诉了。

京柱表示,如果自己不能做些改善工作,让情况越来越好的话,自己也没有必要留在这个位置上。他总是尽力做好,并且随时做好辞职的准备。这点与他的弟弟洪柱做助理国务卿时的态度一样。如此明确的使命感、目标意识和热情加在一起,就是强大的个人力量,能够排除许多难题。京柱没有为了保住职位而恪守成规,在职期间,他推出了禁烟问题(为了癌症预防)、传染病预防、杜绝不法手术、加强少数族群的保健等一系列政策,引起了不小的轰动。

4. 做自己喜欢的事,就能去享受逆境

从孩子身上,我也学习到了很多东西。比如,京柱总是不满足小小的成功,勇气十足地去寻找更高却也更难的路。他总是持续不断地学习,大学期间,不只对医术本身,还对医学伦理表现出高度的兴趣,即使学习十分忙碌,也会抽时间去宗教大学听课。

成为医生之后,京柱并没有停止自己前进的脚步。最初选择医科大学的时候,他曾认为,只要成为好的内科医生,就能够治疗所有的疾病,但在学习医学的过程中才发现不懂的东西还有很多。那时京柱正在研究癌症,但是再怎么想都觉得从治疗学的角度看,发现癌症再去治疗,对患者来说已经太晚了,所以,他将研究方向转向了预防医学。

"给患者做治疗并不是很难,只要发挥自己所学,并不断积累经验就好了。真正让我觉得困难的是另外一个原因:当看到患者的癌症诊断时,我无法正视他们家属悲伤而绝望的样子。"

听他这么说,我才发现,京柱不但没有忘记当初选择医大的目标,还更进步了。京柱已经不再停留在以医学技术帮助别人的热

情上面，还开始对作为医生这个角色有了自己的思考。

那时候预防医学这个领域还是个冷门专业，医生们没有意识到预防医学的重要性，甚至人们连为什么需要预防也不明白。患者有病了去看医生，医生对患者做治疗，治疗好了，患者开心，医生也能挣到钱。但是预防医学就不一样了。人们没有那个意识，不知道明明好好的，干吗还要去预防；而对于医生来讲，一来学习起来比较困难，二来也挣不到钱。

但京柱却对这个非常关注，为了在患病之前就把人们从癌症的虎口救出，他开始学习预防医学。在结束肿瘤学等四门专业课程的学习以后，京柱又开始学习保健科的硕士课程。这些都是20世纪70年代的事情了。

后来，美国政府当局了解到，与事后治疗相比，预防需要花费的钱更少一些，于是，美国的政策相应地有了变化，开始重视起预防医学这个领域。这样，政策的倾斜带动了社会的关注，预防医学开始成为热点。人们开始找寻精通预防医学的医生，而京柱因为比别人都早一步，就成为了这个领域的领军人物。

但是，即使如此，京柱也没有把自己的视角局限于预防医学。在医科大学，他一边担任内科、癌症科、血液科、皮肤科教授，一边研究公共卫生保健，希望能给人们带去更多的帮助。

其实我觉得，京柱研究的已不仅是医学，而是如何通过医学来实现人权保障。州政府看重他为预防医学和社会公益事业作出的贡献,决定任命他为马萨诸塞州卫生和公共服务部部长。京柱获得了人们所说的成功,成为了被人所尊敬的领导者。但是他没有忘记自己的初衷,继续坚持着艰苦的钻研道路。我认为他这样的人生是成功的。

唠唠叨叨这么多,其实是想说,如果京柱没有高远的目标,而只是单纯地选择了做医生的人生,他就不会有这样持续不断的热情,也不能取得现在的成就。或许我说要有高远的目标,很多人会嗤之以鼻,因为即使树立了高远的目标,也不可能一下子就有成效。**是的,成功是慢慢积累的,一下子能长高的只能是地里的杂草,而不可能是参天大树。**

这样的道理,也许用京柱自己的话来讲,更有说服力。有一次,京柱在电话中对我说:

"父亲母亲在教育我们的时候,一次也没有提到过钱,只是让我们追求自己的理想。我非常感谢这一点。我懂事以后回想,在我们小的时候,父亲母亲都是工读生,生活也不富裕,本来应该教育我们多多挣钱的。但是,你们都没有这么做。我按照父母的教育,尽全力去追求自己的理想,后来,国家保健委员会(NIH,National Institute of Health)竟然给了我一大笔研究经费,虽然我研究的是最没有人气的预防医学!即使我没有以钱为目的,照样有了很多钱。现在我经济上宽裕了,能够幸福地生活,在事业上也被人尊敬，我感到很快乐。我的医生朋友中，很多人天天嚷着要挣大钱，当然，他们当中也有挣到大钱的，但奇怪的是，他们好像都没有我挣的多。像我这样的人很少呢……”

5. 要想实现自我，首先要扮演好自己的角色

在东方的价值观下，无论是男女老少，大家都非常重视自己角色的完成。也就是说，大家很看重自己的价值，并且想尽量多地发挥出来，获得社会和周围的人的认可。我们一方面要争取自己在社会上的地位，让自己有所作为；另一方面，也应该看重自己在家庭中的角色，看重自己作为父母、夫妻或子女，是否合格，是否让家人因为自己的存在而感到幸福和温暖这一点。

而领导者，作为一个共同体的代表，他的角色定位就是带领共同体所有人员实现大家的共同目标。而要实现共同的目标，就必须忠实于自己的角色。领导者要关注的永远不是一个人，而是很多人。要是以个人的私欲为核心，只想着实现自我的话，就很难被大家认可。

这在西方社会也是相同的。西方人认可的真正的领导者不仅要实现自己个人的价值，更要帮助一个共同体实现价值。这种观念其实很接近东方的价值观。

我的孩子们在美国社会中被认可,也是因为他们将个人价值观和社会价值观结合了起来,满足了真正的领导者的所需条件;东方的价值观融合到美国的现实后,被人们所认可。在这里我再指出一点:**只为了自己或者只要让自己的孩子成功,是不太可能的。**

作为领导者,并不是在为自己的私欲而拼命努力。你想想,为大家的利益而投入热情、不断努力的人,和为了自己的私欲而孜孜以求的人,你会追随哪个呢?

所以,一定要告诉孩子,自己的努力其实不只是为了自己,还是为了别人,自己不是一个孤立的人,而是作为社会一员存在的。忠于和实现自己的社会角色的人,才能成为真正的大人物。只有当一个人找出了大家共同的目标,做有利于自己和其他人以及所有人的事情时,他才能成为被他人所认可的大人物。

6. 理解，并完成自己的角色

下面是三儿子洪柱的故事。

洪柱在韩国被大家知晓，是因为他担任耶鲁大学法学院院长一事，而在美国，他却是因为海地难民的诉讼案出名的。

当时，洪柱和耶鲁大学法学院的其他几个学生一起将美国总统告上了法庭，并且胜诉了。通过这件事，洪柱给大家做了一个很好的展示：作为一个有原则的学者，是怎样拼命作斗争去遵守原则、进而去完成自己的角色的。

洪柱的专业实力很不错，这也是他能够成为领导者的基本原因。他曾在公益关系法的最高权威——华盛顿科温顿柏灵律师事务所当过律师，担任过美国联邦法院大法官布莱克墨的助理书记员，还曾担任负责人权事务的助理国务卿。作为一名大学教授，他在教书的过程中也积累了丰富的经验。但是即使有这样的经历和经验，也不足以在法学院，特别是世界上最好的耶鲁大学法学院担任院长一职。洪柱能够做到，是因为除了专业实力，他还有一个坚定和高远的信念，他用行动将自己的信念展示给大家，最终实现了自己的角色。

1991 年 9 月，海地发生军事政变，大量难民逃离海地，涌向美国。但美国政府拒绝执行《联合国难民公约》和本国的《难民法》,从而将大量的难民遣返回充满杀戮的海地,其中有一部分难民因为艾滋病原因被羁押在美军关塔那摩海军基地。这不仅是个政治上的敏感问题,而且从法律上看,也交集了宪法、国际法、移民法、诉讼法等,非常复杂。

很多人认为,只有在所有方面都称得上是专家的洪柱才能解决这个问题,所以才向他求助。当时洪柱还只是耶鲁大学的客座教授,如果顾及到生活的安危和名誉,就不一定非要出面。但是洪柱说,既然是只有我才能做到的事情,那么我会将它视为一种使命来接受。当时有很多人为洪柱担忧,还有一些人在怀疑一个韩国人是否有必要出面解决海地难民的事情。但是洪柱的想法不同,他认为这个问题不只是海地人的问题,也是在美国的所有少数族群的人权问题,值得他去澄清和处理。

洪柱说他还想起了父亲说过的话。我先生生前在纽约的自由女神像前曾说:“自由女神像其实代表了一个约定,她在跟人们说:‘让疲倦、贫困、渴望自由的人们来找我’。”

洪柱认为,美国一定要守护自由女神像的约定。

洪柱花了整整 18 个月时间,全身心投入这场诉讼当中。当时,包括耶鲁大学法学院的学生、几位律师以及法律界的其他人在内的 80 多人,组成了自愿者小组,进行了两万多小时的自愿活动。诉讼案的总负责人是洪柱,而成员中的大多数都是尚未取得律师资格的学生，他们很团结，也很拼命。然而面对强大的美国政府，洪柱他们几乎没什么胜算，还要承担相当大的风险；如果败诉，洪柱要承担1000万美元的巨额罚金。

当时，耶鲁大学法学教授的保险金最多也只有100万美元。如果败诉了，洪柱只能面对不可挽回的破产境地。除此之外，洪柱还不时接到不明人士打来的恐吓电话。

之前洪柱一直平静地生活着，即使不参与诉讼，也不会影响到他的升职和发展。而一旦参与，不只他个人，连同他的家人也可能会遭到不幸。无论是哪方面来讲，都有很多不利因素。但是洪柱的夫人克里斯蒂（她也是位帮助穷人的律师—作者注）却鼓励他："如果你认为一定要做的话，就大胆去做吧。"

这个诉讼案最终到了联邦大法院。最后的结果是，洪柱提出的四个诉讼胜诉了三个。第四个诉讼中，洪柱提出要政府取消1000万美元的罚款金。迫于压力，政府下了通知，取消了1000万美元的补偿金条件，这样洪柱的第四个诉讼也成功了。

我们到现在都很难忘记联邦大法院宣布最终判决时的情景。那天，洪柱带着父亲的领带和腰带去了法庭。因为在这次重要的判决中，他打算讲述一下父亲"自由女神像的约定"。当然，这次诉讼并不只跟洪柱一个人有关，而诉讼的意义也不是只针对洪柱一个人的。

判决的前一天，在广场上，美国黑人总统候选人杰西·杰森牧

师发表了长长的演说。之后,洪柱也大声地做了简短的演说:

“你知道在大屠杀中死去的犹太人吗?那么你是海地人。你曾受过人种歧视吗?那么你就是海地人。你在做一件事情的时候,是否会受到冤枉?那么你也是海地人。”

每当洪柱提出一个问题的时候,观众们也跟着洪柱喊着“我是海地人”,就像唱示威歌曲的合唱团一样。杰西·杰森牧师仿佛也对眼前的光景感到吃惊,这不是让观众心动的雄辩力,而是一种真实、正义、关注的力量。

当天晚上,大法院前的广场上出现了奇观——和洪柱一起工作的服务人员,以及关注这起诉讼案的数千名法学院学生,大家组成了庞大的队伍,集体在睡袋里过夜。

判决的那天早上,大家围着进入法院的洪柱高声喊道:“Harold Koh(洪柱的英语名字—作者注)。”

因为这个判决关系着这起难民事件是否属于种族歧视,在不用进行政治妥协的前提下单纯的美国法律是否能够解决问题,这些都是大家所强烈关注并有所怀疑的。从某方面来看,人们都在等待政府的行动结果,白宫也面临很大的压力。美国政府的法律官员也试图从多方面解决这次诉讼,可见,这次诉讼在美国历史上多么的重要。

判决的最终结果是,允许关塔那摩的310名海地人入境美国。这个结果让大家欢欣鼓舞,而这一事件也从侧面提高了美国法律的威信。

去年秋天，与这次判决相关的《法庭风暴》(*Storming the Court*)一书出版了。作为圣诞节礼物，我收到了这本书。当时一起参加诉讼、现已成为律师或作家的那些学生们，经过七年的研究和调查，终于出版了这本书。而华纳兄弟电影公司后来将这本书拍成了电影，当时洪柱还向电影公司要求自己的角色必须由东方人饰演。

洪柱是一个珍惜法律的人，他在向社会证明"种族歧视不合法"这一理念的同时，也尽全力完成了自己的角色使命。他认为这件事的意义不仅在此，作为一个教授，他同时也教会了那些跨越国籍、种族、性别等一切障碍来参加诉讼的年轻人要为原则作斗争。为此，洪柱感到很自豪。

以这次诉讼为契机，洪柱在五年后担任了克林顿政府的人权事务长官。从常识上来讲，这种事情不可能发生在对抗克林顿政府的人身上。但是行政部高度评价了洪柱的实力，和到最后也没有折下自己的信念、为正义尽全力的精神。刚开始洪柱遭到政府的拒绝，但最终，拒绝变成了热情的邀请，他们不断地说："要维护和强化美国的人权，就需要你这样的人。"

在这次诉讼案中，洪柱的角色分别是学者、第二代移民、教授、珍惜法律的市民，每一个角色，他都出色地完成了。同时，他还得到了相应的回报。但洪柱并没有满足于此，现在他仍在积极地参与大法院的诉讼。这点让我感到骄傲。如果他满足于别人的称赞，想要一劳永逸的话，就不可能做成这样的大事，也不会一直受到人们的爱戴。

那时帮助洪柱的学生中，有六名已经担任了大法官的助理，现在都是优秀的人权律师，在美国各地行使自己的职责。

曾任耶鲁大学牧师的威廉·斯隆·利芬神父（William Sloane Coffin）为《法庭风暴》写了这样的书评：

“约翰·拉斯金曾说过‘我们努力所得到的最贵重的宝石并不是别的，而是在其过程中完成的我们自己’。耶鲁大学法学院的学生和他们聪明的教授为海地难民带来了自由，成为了英雄。这本书是他们当中的学生写的，非常美丽、令人感动。”

其实，回到我写这本书的主题上，我想这么解释这句话：**在奉献的过程中，奉献的一方比受惠的一方得到了更宏大、更深刻的恩惠。**

在接受访问时，洪柱每次都这么介绍自己：

“我是韩裔美国律师，是教育者，也是学者。能够拥有这么多的角色，我觉得很幸运。”

是的，看得出来，洪柱对自己的各种角色都有明确的认识和理解，他深爱着自己的角色，看重他们，并努力去实现他们。实现自己的角色，就是实现自己。也正因为有这样的认识，洪柱才能在每一个瞬间都记住不能疏忽，才能在任何时候都能孜孜前进，并且用这种热情感染和引导别人。是的，一个大人物，必须要懂得如何去实现自己的角色，这是必备的素质。

7. 要知道自己是谁，会走向哪里

“自我认同感”这个词第一次使用，是在第二次世界大战之后。战争，一方面带给了人类巨大的灾难，另一方面，也加快了多种文化的碰撞和融合。战后，多文化圈逐渐形成，对于沐浴在多种多样文化气息中的人们来说，自我认同问题变得越来越重要和紧迫。

“认识你自己。”

这句话是古希腊著名哲学家苏格拉底所说的。但事实上，在他之前，人们已经有了这个认识。无论在什么时代，只要一个人正确地认识了自己，知道自己是谁，要走向哪里，他就能拥有满足的人生，也会对社会有所贡献。尤其是现在，我们处在多文化交织融合的时代，如果不知道自己是谁，摆不正自己的位置，找不到自己的方向，那么，非但不能领导别人和帮助别人，连自己也无法自立自足。这就是我们所说的自我认同危机。

而我们这个时代的年轻人正面临着这种自我认同危机，他们没有明确的目标,更谈不上为实现目标而发挥热情。他们在实现自我的道路上,经历了很多困难。

说到底,自我认同危机是在别人所期待的我与我认为的我之间失衡的情况下发生的,是当我对自己的过去、现在和未来不能感到内在一贯性的时候出现的。特别是居住在外国的移民,他们遇到的自我认同危机更强烈。但是这种危机往往并不只是从大事中触发的,而是通过那些不经意的小事情,在一个人心里埋下了种子。

“妈妈,美国孩子们笑话我们。”

我的孩子们小时候虽然没有经历过特别严重的自我认同危机,但是他们也曾这样向我哭诉。可见,外界环境让他们的内心产生了混乱和不安。很多时候,孩子们自己不觉得有什么不对劲的事情,他人却认为非常奇怪。**别的孩子的嘲笑和不认同,往往会对孩子产生很大的伤害**。此外,别人若不正面地看待他的特长,用否定的眼光去关注他,这些对孩子来说,也是非常大的冲击。孩子的内心如同白纸一样,洁净而柔弱,若这样的情况不断反复,他会很轻易地受到挫折,进而造成了自我认同危机。

8. 自我认同感是一种自立自足、不卑不亢的气势

洪柱在东岩文化研究所的研讨会上对大学生说:"自我要经常强调,要经过一生的努力来不断树立,就像我们需要天天刷牙一样。"

在现在阅读这本书的各位当中,也许有人会认为,自我认同感的教育是住在国外的人应该关心的事情,其实不然。每个孩子要面临的世界和问题都是大同小异的,自我认同感不只是在面对外国人和外国环境时才需要的,而是要伴随一个人终生的。在我看来,自我认同感也不仅仅是对自己国家文化的理解、认可和发扬,还应该包括对自己的生活环境、家庭的理解和感恩。

拿我的孩子来说吧,他们在成长过程中始终跟自己的出生地相隔甚远,长大后,他们都是以世界为舞台的,在工作与生活中要面对不同国家、不同种族和人群。但话说回来,如果孩子不能对自己的文化产生自豪感,他在面对其他文化时就会感到混乱。而在外国工作却不能对自己产生自我认同的人,不但很难被别人肯定,还容易被别人欺负。

处于多种文化中时,重要的是要了解其他文化的内涵和价值,然后做出相应的判断和反应。当然,这种判断和反应,肯定要以自

己的文化背景为基础。有了自己的背景,就等于有了根基和底色,在面对不同的声音时才能够识别得出来。

要主动去面对各种差异,不要被动接受,否则,生活的每个瞬间都不会有生气。要努力去适应其他文化,但最主要的是,要了解自己的文化,这样才能变得堂堂正正。

要了解自己文化的历史和作为背景的哲学,这对一个人自我身份的确立很有帮助。有的父母会说:"为了不让我的孩子气短……"这样的父母更应该帮助孩子树立自我身份意识,变得堂堂正正、受人尊敬。自我意识并不是狭隘范围所说的个人优越性,树立自我认同感不等于在任何人面前都要抬头挺胸,不等于"相比之下,我更优秀"。自我认同感是一种对自己清晰而准确的认识,是一种自立自足又不卑不亢的气势。

9. 寻找自我的旅行

为了让孩子们不在与别人交流的时候受到挫折,我们夫妇很积极地去教他们了解自己的文化,努力让他们对东方文化产生自豪感。例如,我先生只要看到东方人获得诺贝尔奖或者成功的故事,就会把报纸拿过来给孩子们看,还不断地给孩子们讲东方人有多优秀,让他们为自己是东方人而感到自豪。

有一天我们从教会回来,我先生什么也没说,就直接把车开到了耶鲁大学法学院后面的格罗夫坟地。我问他为什么来这里,他回答说,他所敬仰的一个叫石川宽一的日本人埋在这里。原来先生是从书中知道这个人的,他是专门对日本和英国的封建制度进行比较研究的学者,来美国留学后于1900年与一名美国女子结婚。当时美国的东方人特别少,大众对于东方人还有很多的偏见,所以这位美国女子的兄弟们强烈地反对他们的婚姻。

"你是怎么知道这个人的呀?"

我明知故问。先生说他是在找研究日本和英国的封建制度的书籍时注意到这个日本人的——在他从耶鲁大学图书馆里借来的书中,大部分竟然都是由这位叫石川宽一的人捐赠的。而每本书的每一页中,都有这位先生在学习的时候画下的强调线和当时的想法记录。在读这些书的过程中,我先生自然地了解了这位石川先生的想法和世界观,也了解了这个人是多么真挚和细心地进行了研究。先生对他很是钦佩,后来,他向周边人打听,见到了当时石川先生的助手,并从那里得知石川先生在附近的坟地。

我先生作为东方人,刚刚移民到美国时,也跟很多人一样,遇到了很大的冲击,既要面对生活习惯的差异,又遭遇到文化传统及世界观、价值观的断层。他不断地对自己的身份意识进行思考、学习和探求,慢慢地,他在任何时候都能明确地坚持自己。他的做法,给我,也给孩子们带来了不一般的自豪感。

其实,对于孩子们来说,没有比旅行更好的启悟自己的方式了。为了帮助孩子们树立自己的自我认同感,我特地带孙子们回了一次韩国。让人欣慰的是,孩子们对奶奶的国家(当然也是他们自己的国家)表现出了极大的兴趣和情感,整个旅行中,他们不断发问,努力学习。他们喜欢自己去寻找韩服等很有韩国特色的东西,送给朋友的礼物也是小陶瓷等有文化价值的艺术品,而且,还请我教他们韩语。同时,在其他人面前介绍自己的时候,他们不仅说自己是美国人,还不忘强调自己的韩国人身份。

我知道,这次旅行会沉淀在他们的生命中,让他们找到一些什么。这对长期生活在国外的他们来说,很重要。

我创办东岩文化研究所的理由也在这里。我们积极地向美国人推广东方文化,我的先生也经常向孩子们传播有关东方国家的新闻。我们知道，**一个人，只有他所属的社会和国家水准高、受到尊敬，他本人才能有强烈的自信心。**我们愿意付出所有的努力，让孩子们去经历、理解并且热爱东方文化。

10. 洪柱的经历：自我认同感和文化的力量

要想成为符合国际化时代要求的领导者，就要建立起自我认同感和相应的文化力量。

“文化力量”这个概念，是在1993年由美国的双语教育家们提出的。教育家们强调：“在多元文化环境中，人们不但要掌握本国的文化，还要有能够在两种以上文化中生活的能力，也就是说拥有文化力量。”很多大脑专家和教育心理学家们也在研究中得出结论，说掌握两种以上语言的孩子的智力要明显高于其他孩子。此外，新泽西州立大学还设有文化力量研究中心。

我们也能从洪柱的经历中了解到这种文化力量的必要性。

洪柱担任克林顿政府人权事务负责人后，访问过四十多个国家。因为是作为政府官员去的，所以为了能更好地进行协商，他首先要清楚各国的情况，尽可能多地了解当地的文化和历史；但同时，也要坚持自我意识，时刻清楚自己的身份。

“9·11”事件爆发后，虽然洪柱已经辞去了人权事务负责人一职，但邀请洪柱的人仍有很多。他们想知道解决问题的方式，他们认为洪柱凭借在过去走访那么多国家、跟多种文化打交道的经验，能够指出一条正确的解决途径。洪柱说，解决问题其实不难，要理解和接受对方国家的情况，同时也要告知对方自己是谁。

洪柱去东帝汶之前，许多人都说那儿的反美情绪很激烈，太危险了，劝他不要去。即使去，也要做好保护措施，以防出现意外。但是洪柱却泰然微笑，他说自己和当地人有相似的东方脸孔，即使一个人去也没有什么问题。

但是到了东帝汶才发现，那里的反美氛围比预想更严重。人们围住洪柱说："在美国生活的你只看到我们示威，但根本不知道我们是什么样的心情。"

听到这句话，洪柱说："我怎么可能不知道？我是韩裔美国人，我的父母也有过相似的经验，也将这些经验告诉过我，我十分清楚你们的心情。"

洪柱比较了当地的历史和韩国自己的历史，并举例向他们说明。听了他的话，东帝汶的人纷纷表示赞同和信任。

这样，即使在东帝汶局势极为紧张的状况下，洪柱也能够平安地解决外交问题，安全地回到美国。

其实，如果清楚了自己的身份，坦荡地面对自己，很可能会把之前认为的缺点转化成优点，洪柱的做法就证明了这一点。

而我在东岩文化研究所教育孩子的时候，也努力培养孩子们自己去比较东西方文化在思维方式上的差异。我相信，孩子们接受这种教育是大有裨益的，在日后踏上国际社会时，他们会更有机会成为真正的领导者。

孩子出国，无论是去留学还是移民，都不会与祖国断绝关系。不用你提醒自己，那个社会的人们会时刻提醒着你的身份，你的自我认同感总是会指向自己的祖国。

所以，如果想让孩子到海外留学，首先就要知道，在祖国的形象不能提高的情况下，无论孩子多么优秀，他也得不到良好待遇。这个是残酷的事实，发人深省。所以，为了孩子的发展，还是要对孩子所在的社会多做贡献，要让孩子树立起作为自身的文化认同感。

在国际化时代，无论孩子在哪里出生长大，都有机会成为国际舞台上的领导者。如果他对自身文化的认同感不明确，就无法获得别人的认可和信任，更不要说整合各种文化背景的成员，成为领导人了。

一定要具备相应的文化力量，也就是说，要有在自己的文化和其他的文化掺杂到一起的环境里自由生活的能力。而一旦培养出了这种能力，也能够更加清楚地看清自我；在将自己和对方作比较的时候，能更清楚地知道我们的文化和其他文化有什么不同。

文化力量本身柔韧、安静，却强大，比权威更有效。如果知道理解自己，自然而然地，我们也会产生关注对方的心理。这种自发性的赞同碰撞在一起，就会产生领导能力。

11. 人和人之间的关怀是珍宝

“一个人伟大与否，取决于他给予了别人多少帮助。”

这是父亲留给我的让我受益一生的教育。只想让自己好、只希望自己取得成功的人绝对不会成为一个伟大的人。这是我在很小的时候，在父亲的教育中体会到的。

而我母亲也一直重复“才华不可凌驾于品格之上”这句话。这样的教育自然地融入到我的观念里，让我自觉地应用在自己的生活中，同时，也传承到了我的孩子身上。

我希望孩子们能够成为品德高尚的人，也一直努力这么做着。

人们都说我的孩子们取得了很大的成功，但是比起这些外在的、能够看得到的成功，我给他们内心取得的成功打更高的分数。孩子们以内心为起点，修炼自己的品德，才华的积累和发挥，都是自然而然的事。反过来，如果我的孩子们只依靠自己的才能去提高外在的名声，试问我还能这么满足、这么自豪吗？肯定不会。

我在前面也提过，大儿子京柱从小就关心穷人和社会正义，选择医科作为职业也是这个原因。

后来，京柱成为了马萨诸塞州卫生和公共服务部部长，人们都说他取得了成功，但是我并不那样认为。如果那是成功的话，京柱在开始研究没有人关心的医学领域时就已经成功了。我认为,能够称得上是成功并值得称赞的,并不是结果,而是其过程。京柱在医学中寻找帮助弱者的道路,每次都是竭尽全力,他在面临艰难、苦恼重重时没有放弃自己的追求,始终坚持着服务于社会和他人的理想。这才是我感到骄傲的原因。

我知道,不止是他,我的孩子们无论学习法律,还是学习医学或是美术,都会思考怎样在自己的专业领域里帮助到别人。他们都在努力让这个社会变得更好。这个努力,或许很多人并没有看到,但是,这个就是成功。

比如二女儿庆恩,她在儿童法领域的贡献现在已经广为人知。而当时,儿童法这个专业,在法学界或者在社会中都并不被看好和重视,也不是能够轻易得到成功的领域。像庆恩这样在名牌大学学习法律的人,毕业后就职于一家著名的律师事务所,享受富裕和名誉是很容易做到的。而且庆恩当时已经是一位有名的法官的助理,是被大家所认可的年轻律师。但是庆恩说,她自己并不能从这样的生活中感到自身的价值。

是一件事改变了庆恩的想法,她回忆说:

“那时候,早上都不愿意去公司上班,感到没什么动力,也没什么意思。但有一次,我受邀为贫民窟的儿童辩护,很奇怪的,我在做这件事的时候,感到浑身上下有充沛的力量。我觉得即使不睡觉，我也能精神焕发，我对整件事情充满了兴趣，即使通宵达旦地准备辩护，也心甘情愿……”

于是，庆恩决定学习儿童法，她很希望能尽自己的力量去保护没有力量的儿童。她做到了，成了儿童法方面的专家。后来，她又开始学习移民法，也是出于同样的理由。

“一个儿童法就够受的了吧？你为什么要搞得自己这么忙？”作为母亲，我心疼自己的孩子。

庆恩微笑着说：“因为我像母亲啊！您要知道，在更艰辛的环境里生活得更累的大有人在呢。”

庆恩上哈佛大学时，不仅在学习上，在社会活动上也非常积极。她每周都要花费几个小时为法学院的一个盲人研究生读书。在做这样的社会服务时，她一般都不会详细介绍自己，所以，即使每周都见面，盲人学生都不认识庆恩。直到有一次庆恩重感冒，又加上考试，实在不能去了，才给对方留了言，对方这才知道了她的名字。

而后来，庆恩了解到那个盲人学生一周有两天去加拿大多伦多的一个大学讲课，三天在哈佛法学院听课，生活非常繁忙。庆恩说，她知道这个情况时非常惊讶，她还以为对方只接受其他人的关心呢，但实际上，人家即使在身体有残疾的情况下，还能活得甚至比自己更认真和努力。她深受触动。

之后，每当庆恩在学习中觉得疲倦的时候，都会想起那个盲人学生，并借此来激励和调整自己。

“那个人在看不到的情况下都能在哈佛大学学习法律，每周还去多伦多给学生授课。作为一个正常人，我更应该感到幸运，所以一定要认真做。”

后来，在庆恩生日当天，盲人学生送给她一条自己亲手织的围巾，颜色亮丽，做工精致，实在是太美了，根本就想象不出这样的围巾是出自于一个盲人之手。庆恩收到礼物，当时就流泪了。我想，她是为这样美好的礼物而感动，是为盲人朋友的精神所感动，也是为人和人之间的情谊所感动。她跟我说，这是她人生的珍宝，已被她小心地收藏在心里了。

12. 从付出中得到宝贵的馈赠

没有人一出生就是个完人，人们都是在成长的过程中遇到其他人，互相学习，互相借鉴，吸收别人的优点，填满自己的不足，实现自我。

我认为我的孩子们在帮助别人的过程中，自己也得到了宝贵的馈赠。

在美国，大学入学申请书中有一栏是专门填写我做了多少社会服务，为他人具体做了多少事情的。也就是说，这个社会鼓励大家抛开自己的利益，并将奉献和与别人一同生存作为评价一个人的重要标准。这从教育上来说，有很好的效果。

前不久，我听说，在韩国社会服务和公益活动也成为了大学入学录取的参考标准。但是，很多学生都认为公益活动会影响自己的学习和考试成绩，所以并没有真正尽心去奉献，而只是在外在形式上做做样子。

大家不懂，**其实只要真心地去做一次社会服务，所得的收获肯定是意想不到的，是只闷在家里看书学习所得不来的。**我想，可能是因为在韩国的文化中，奉献的价值还没有广为人知的缘故吧。对此我感到非常惋惜。

如果要培养一个大人物，或者说一个领导者，父母们真的需要好好动动脑筋，并且要以身作则。只有当孩子们看到父母的行为，他们才能受到切实的感染。

父母要通过自己的行动去校正孩子们的偏见，要让孩子们知道，无论才能怎么出众，如果没有高尚的品德，也无法获得别人的认可，也得不到发挥自己的空间。

要告诉孩子，千万不要急于求得眼前的才能和成绩，不要老想着“我先好起来再说”，“我好了，什么都无所谓”这样的话。这种思维方式是大错特错的。每个人，尤其是每个优秀的人，都是在帮助和关心别人的过程中才变得那么优秀。

在帮助别人的同时，自己会得到更多的回报，会开始关注与对方相关的事情。这样，你的眼光自然就会放得长远，视野也会变得开阔不局限。这样，通过对奉献精神的实践，你终将成为被社会所肯定的优秀人才。

13. 创意力让世界柳暗花明

时代在变，对优秀人才的要求标准也在变。近年来，无论是在家庭、学校，还是在公司，最被看重的能力都是创意力。

创意力是一种奇妙的能力，它能够把看似完全没有联系的两个事物巧妙地结合起来，使之产生意想不到的美好效果，让我们惊呼、感叹，让我们看到智慧的光芒和灵感的力量。创意力是一种综合型的、高超的能力，拥有它的人肯定有个聪明的大脑、敏锐的观察力和勤劳的双手。有创意的人，想的东西肯定要比别人多，其中一些做法看起来还会有些“出格”。

在我年轻的时候，最受人们认可和尊重的是做什么都正确的人。但是现在，**同做事正确同样受到推崇的是打破常规的思考能力**。这种能力柔韧而锋锐，往往能让人感到峰回路转、柳暗花明。在我们今天这样一个多文化共存的世界中，这种能力是非常必需的。

如果说在以前人们只需要知道 1 + 1 = 2 就足够了，那么新的时代不仅要求人们知道 $1+1=2$,还要求人们明白 $1+1$ 有可能等于3,甚至想象出 $1+1=100$ 的情况。拥有这样的思维方式,方能在急剧变化的时代触类旁通,如鱼得水。

所以,作为家长,也要有意识地去培养孩子的综合创意力,让孩子在吸收各种文化知识的基础上,学会思考,打破常规,创造自己。

其实,我认为要想具备创意力,首先要懂得综合吸收、全面接受,这样才能让各种力量在内心激荡,从而产生新的创意。这个能力被我称为"综合创意力"。

韩国的文化土壤里,就有着综合创意能力的要素,这其实是韩国学习了中国、日本的社会结构、文学、美术、音乐等,通过比较、消化、吸收之后所达到的一个平衡。这叫"汲取百家之所长"。

要理解这一点,可以来看看我们的文字图。"文字图"是朝鲜民族特有的图画,是将文字和图画融合在一起的美术作品,这在其他文化中是看不到的。比如在民画《金刚图》中,人们可以看到这幅画中充满道教、佛教和萨满教等看起来相悖的因素,既有像人和动物的山峰(暗喻巫术的精神),也有寺庙(指代佛教),还有作为道教标志的山。

提起东方,西方人常常会想起阴阳。大家都知道,阴和阳是在中国出现的概念,中国人讲阴阳两极。但在韩国,我们将这个概念中的两个要素综合起来,并且制造了第三个要素。在我们传统的扇子、大鼓、寺庙或者门上,经常可以看到三太极花纹。阴阳相行,阴阳相生,不只是协调在一起,而且能创造出了新的力量。

你看,这就是综合创意力。对于从其他地方吸收过来的东西,我们并没有仅仅满足于被动接受,而是在综合的基础上进行了新的创造。在孩子的成长过程中,这种力量也是我们需要着力培养的。

14. 创意力的火光会在责任的完成过程中闪烁

值得反思的是,在东方,只要提起综合创意力,人们首先就会想到西方的事例,大家口口声声推崇着西方人的创意且普遍认为东方的传统跟创意力是完全沾不上边的。这么想的人,不仅是不了解东方文化的真相,内心也没有强大的文化力量支撑,此外,更没有建立起自己的文化认同感。

东方文化的传统中其实拥有丰富的综合创意力,问题是如何发现和适时地发展它。但是很多人并没有意识到自己拥有的创意力的价值,反而以不信任的态度和偏见妨碍着自身创意力的发展。

想要发展创意性综合力,首先就要认识到文化的多样性。要知道面对世界和生活,人类可以选择的范围其实很广,我们可以拥有多种不同的价值观与风俗习惯。知晓了这些,我们自然就会从固定观念或者先入为主的偏见之中摆脱出来,去自由思考和行走。

只有这样,我们才能看清自己在世界上的价值,懂得如何去创造新的意义,把自己跟世界连接起来,成为山水相映的整体。同时,要想培养综合创意力,还要对自己已经知晓的事情作出评价,提出自己的看法,不要人云亦云,不能盲目跟从,不要怕出现错误。即使有错误,只要能及时接纳和认真改正,那错误也将成为我们成长的良机,使我们内心的智慧和力量得到增长。

很多人会认为创意力是在某一瞬间突然迸发的,是灵感偶现,不可把握。其实不然。“汗水是灵感生长的土壤”。创意力,必须经过对事物进行不断的关注和不断的研究,在了解其发展规则和来龙去脉时才能产生。并且,只有当一个人不仅关心自己,更关心周边的人和事时候,创意力才会出现。当一个人不断地去观察、记录周边的时候,当一个人不局限于自己,而是考虑其他人的幸福或安危的时候,这种强大而充溢的责任感就会引出创意力。难怪,古往今来,我们都能从孝子、忠臣或母爱中看到创意力。创意力的火光会在责任的完成过程中闪烁。

15. 创意力越好，前方的路越宽阔

在美国这样一个多人种社会中，我的孩子们整日为了别人的生活、健康、权益而忙碌，他们奔波着、奉献着、苦恼着，也幸福着。在这个过程中，他们的创意想象力得到了很大的发挥。

当然，他们也遭遇了不少波折，曾多次因为价值观的差异而几乎没办法将事情进展下去。还好，他们没有一直停留在原地，他们愿意去做些努力，去寻求改变，哪怕当时看起来颇多艰辛，但是这种付出仍然值得。如果他们因为偏见和各种不公而愤愤不平，进而放弃自己的目标，也就不能到达今天的地位了。

固有的观念就像层厚厚的不透气的外衣，穿着它，人就不能自由活动，也无法感受外界的新鲜空气。所以，带着固有观念去看世界的，很难在现在这样一个高度重视创意性的知识信息社会里成为领导者。毕竟，一个领导者如果固步自封，没有创意能力，他就无法对世事万象作出准确判断，也无法对他的下属的创意性作出正确评价，这样一来，他就不可能让他的团队在急速变化的世界里存活下来，更别说成长和发展了。

当今社会，创意是优秀人才必备的关键素质，所有的公司、单位都在寻找创意型的人才。世界才在发展，竞争越来越激烈，在这

样的形势下,要想取得成功,崭露头角,在社会上具备一定的影响力,成为一个大人物,就一定要有过人的创意力。

从零到一,从一到十,从十到万,梦想越大,创意力越好,前方的路越宽阔。父母和社会要共同努力,让孩子们具备这种能力。孩子们锻炼创意力之路,就是他们成为真正的领导者的道路。

16. 要培养孩子历史的、世界的眼光与视野

到现在为止,成为真正的领导者要具备的七个素质中,我们已经谈到了五个,相信各位看完后都会有自己的想法。

对一个真正的领导者而言,拥有实力和才能,虽然能让他脱颖而出,但并不保证他会完全胜任。一个真正的领导者,在本身的实力和才能都很好的基础上,还有一个要素可以让他如虎添翼。这个元素,可以让一个人脱离只关心自己和周围的狭隘立场,融入这个国际化时代和知识信息社会中,不断成长。

不卖关子了,相信大家都明白了,真正的领导者要具备的这个要素是,历史的、世界的眼光和视野。

"*Think globally and Act locally.*"(放眼全球,行动在地。)

在2005年耶鲁大学法学院的新生入学欢迎仪式中,他们的院长,我的儿子高洪柱曾经讲过这样一句话。的确,我们要大胆,要眼望着世界,要以世界的整体性的眼光来看待事情。

比如,我们要用世界的眼光来看韩国的历史。这样,在拿韩国跟其他国家对比的时候,就不会盲目地肯定或批判,而会用宽广的眼光客观地观察。只有这样,我们才能清楚地知道自己在世界上所处的位置,才能够更好地理解其他国家,并调整好与他们的关系。

以历史的眼光看也一样。古老的故事中蕴含着丰富的人生智慧与经验。举一个例子。我记得是发生在17世纪的故事。一个夏天的晚上,韩国有对夫妇在油灯下织布。本来是一幅你恩我爱的美好场景,但不知为何,两个人聊着聊着就争执起来。夫妻间吵吵架也很正常,但那天两个人越吵越激动,最后,先生忍无可忍,竟然将旁边的油灯砸向了妻子。不幸的是,油灯刚好砸中了妻子的头,妻子当场就倒地身亡了。

在这场事故中,丈夫失手杀了人,理应判处死刑,但是最终的情况发生了逆转,他被免于死刑。使得情况发生逆转的,是丈夫递交给法庭的诉状。其内容如下:

“法官大人:我的家里有四个孩子,现在他们的母亲已经死了,只剩下我这个父亲。如果将我行刑的话,前途无量的四个孩子将成为孤儿。请你们一定要开恩……”

同时,诉状里还举了很多例子说明他们夫妻平时的恩爱,并一再强调他的杀人绝非故意,是一时失控,现在已经深深地忏悔了。法院通过核实,证实了诉状里所言为真,结果,这个忏悔不已的丈夫最终被免除了死刑。

东方文化的传统中充满了浓郁人情味,法律在执行时也会兼顾到人情。这是很好的传统,通过这种方式,王和其他领导人既赢得了民心,也避免了以绝对的神圣来乱用权力。人民在这样的氛围中生活,会感到安心而幸福。

所以,如果我们拥有历史的眼光,关注这样的历史事实的话,就能找到成为真正领导者的必备要素了。那就是,要得人心,要公正、正义。此外,如果一个人懂得历史的来龙去脉,他也能从过去的领导者身上获得很多珍贵启发,并从中汲取力量,完善自己。

与其去找新鲜的、西方的、别人的东西,还不如以历史的眼光去仔细分析我们的传统。古老的智慧是会一直闪耀光芒的,我们一定不能忽略。学习到了这一点,也会促进前面提到的几种素质的形成,它们之间是相通的。

17. 接受，理解，调节，融合，欣赏

让大家拥有历史的眼光，为自己的国家和文化自豪，并不是让大家成为过去的那种保守主义者。保守主义者对自己文化的自豪感太强烈，瞧不起其他国家的文化，那是不可取的。现在的世界，已经不可能让我们坐守一棵树，却不关心整个森林了。你知道在全世界都通用的领导资质是什么吗？是热爱自己文化的历史性眼光和尊重文化多样性的世界性眼光。

要想在这样的时代成为真正的领导者，必须要认可自己周围人和下属的多样性，理解、包容、支持并欣赏他们。这样，才能提高团队的凝聚力和做事的效率，进而为整个团队谋得发展。

要培养这样的资质，就要有意识地让孩子从小就体验不同的文化，让孩子在一个懂得理解、接受和比较的环境中茁壮成长。

像我们一家，会在假期参加夏天宗教露营，这个体验让我们获益匪浅；另外，我们还常在周末参加教会的活动，这也让我们明白了很多事情。比如，那些黑人朋友虽然跟我们人种不同，出身不同，但是在宗教这一圈子内，大家都是平等的，可以互相交流、接触和彼此理解。

这样的经历，可以让孩子们自然而然地参与到不同的文化当

中,让他们内心的容量更加广大,而不只是局限在自己和自己国家这样的小环境里。让他们经常跟其他文化进行碰撞,产生的火花会照亮他们的内心,让他们明白世界并不是单色的,存在的方式也不是惟一的。

事实证明,我跟我先生培养孩子们多样性思维的做法是很奏效的,慢慢地,孩子们不仅能理解和接受这种差异,而且也学会了让其他文化圈中的人更多更好地理解自己。

举个小事说明。

我们家后院有滑梯和沙堆,所以周边的孩子们经常会来我们家玩。那时我先生和我在家里都不用英语,认为反正孩子在外面会学得更地道,因此在家里我们教他们韩语,让他们读韩文书籍,希望他们找到自己作为韩国人的自豪感。

有一次,住在隔壁的一个大嫂到我家找我,用很生硬的语调说了个韩语单词,并问我是什么意思。我说,那个单词在韩语里是"球鞋"的意思。她恍然大悟,说孩子让她买球鞋,但一直用韩语说这个单词,搞得她也听不懂是什么意思。当时的我暗暗高兴,看来孩子不仅自己热爱韩语,并且乐意把韩语教给其他小朋友。即使我们没有教他们,他们也认同了自身的文化,并且找出了与其他文化圈的孩子交流的方法。这真是让人欣慰的一件事情。

另外,孩子们在学校里还参加了很多的活动,这对他们的成长同样有着很大的帮助。孩子们按自己的兴趣去结交朋友,经常来往于不同的家庭，去朋友的家里参观、游戏、看书，和大家一起分享食物。有了多次这样的经历后，他们也自然地会以肯定的心态去看待跟其他孩子的差别，而不是一味排斥和否定。同时，他们也能学会跟其他人协调的方法，促进自己和他人的发展，而这些，不正是作为一个领导者所需要的能力吗？

家长们，记住吧，不要以为理解多样化这样的课题对孩子来说太大、太遥远，从小就要培养孩子的这种意识，锻炼他们调节和融合的能力。拥有了这样的能力，你的孩子在一个街坊里玩，就能够领导街坊孩子；在学校里读书，就能够领导学校的学生；而当他步入社会之后，随着能力的提高，最终会领导来自各个国家的出色的人。

18. 好的人际关系会成为我们内心的力量

想把孩子培养成优秀的大人物，除了要具备前面提过的六种能力外，还需一种能力，即处理人际关系的能力。人际关系并不仅仅指怎样与能力强或地位高的人相处，人际关系也不在乎知识的深浅、地位的高低，真实的人际关系是认可所有的人。而这种关系的建立，与社会公益服务是分不开的。

在处理人际关系这一点上，我的孩子们都做得很出色。

三儿子洪柱当选为耶鲁大学法学院院长的时候，邀请了70多名学校职员到自己家里做客。有位白人老奶奶含着泪水说：“我在耶鲁大学法学院工作了近30年，这是第一次被邀请到院长的家里。”为此，她一直跟我的三儿媳妇说谢谢。**在耶鲁大学，洪柱是第一个将从园丁、警卫到秘书等所有工作人员邀请到自己家里吃午餐的院长。**这种做法当时引起了不小的轰动，但其实在洪柱看来，邀请同事们吃顿饭是非常理所当然的事情。

大儿子京柱在波士顿马萨诸塞州担任卫生和公共服务部部长时，要领导6000多名职员。任职六年来，虽然平时的工作非常辛苦，但只要是他认为应该受马萨诸塞州保健政策帮助和影响的地方，京柱都一一去拜访过。

记得当年京柱在就职仪式发言时说，自己在美国属于少数族群，所以他会将促进少数族群的保健和健康作为自己的一个政策。只要有钱，就会努力为中国人、韩国人、越南人、墨西哥人和黑人等多争取一点医疗保障。

为了防止有些外国人因为语言不通而不清楚自己的权益范围，京柱亲自将那些权利和法律政策全部翻译后贴到了饭店等公共场所。

马萨诸塞州的卫生和公共服务部是美国历史最悠久的公共服务部，有近130年的历史。因此当马萨诸塞州施行某种政策的时候，其他州也会效仿。京柱努力发挥着自己的影响力，推行了很多政策。比如，他强化癌症预防政策，加强减少不必要的手术等医疗政策，不仅为美国人，还为韩国人和美国的其他少数族群谋取利益。

小儿子定柱为了帮助聋哑人，还在我们都不知道的情况下，学会了手语。我们认识的一个牧师夫人因为一场大病而失去听觉，她总是在用手语，我们都听不懂，但有一天，我看到定柱竟然用手语跟她打招呼，我感到非常吃惊。在大家都没有走入牧师夫人的世界，冷落她，对她有偏见的时候，定柱试图了解她，跟她沟通，并且帮助她。除此之外，他还参加为帮助聋哑人而组织的露营，并自愿担当替聋哑人发言的新闻记者。

后来我才知道，二女儿庆恩也认为要帮助有语言障碍的穷人，就必须要懂得手语，她也在学校的夜间部学会了手语。

你发现了吧，我和我的孩子们总是说要帮助弱者，这是我从我母亲那里得到的教育。我小的时候，因为父亲是企业家，所以家里请了保姆、园丁、厨师和司机。但我母亲经常叮咛我们：

“父亲母亲需要，才会雇用这些人，但他们不是为你们服务的，你们不能命令他们做事。”

因为母亲的叮嘱，我们学会尊重他们，真的从来不给他们添麻烦，甚至在路上看到我们家的车经过，也不能上车；除非与父母一起外出的时候，父母同意了，我们才能坐车。那时，在首尔，有私家车的人家很少，每次我朋友们看到我们家的车就说：“你们家的车啊，让他们带你吧！”我回答说：“那是我父母的车，我不能坐。”每次说这话，我的朋友们都是满脸不能理解的表情。

由于父母的影响，我们夫妇和孩子们也努力地尊重每一个人，真诚待人。因为对人亲切，朋友自然就会有很多，朋友多了，学到的就会更多。互相帮助，彼此成为对方的力量，这就是人际关系的实质所在了。建立起好的人际关系是领导者需要具备的最重要的资质，这是无可非议的。

我先生的突然去世，让我更加深刻地体会到人际关系的重要。当时我怀着巨大的悲伤通知其他人（包括很多孩子们的同事）参加追悼会时，也在担心没多少人会来。因为在美国社会，不去参加同事父亲的丧事，是很寻常的。但出乎我意料的是，孩子们的朋友和同事竟然一涌而来，他们中很多人是业务繁忙的律师和医生，都是坐飞机从外地赶过来的。我问了孩子们，他们说朋友和同事之间有默默的约定，每当谁家有事发生时，他们都会互相帮忙，所以电话一联络，他们都赶到了。

追悼会上来了很多人，使得耶鲁大学法学院的讲堂都有点拥挤。我先生葬于波士顿的哈佛大学，从举行葬礼的耶鲁大学过去，中间有着三小时的路程，但是那里也有很多人聚集着等待灵车的到来。他们的真诚和热情，安慰了我们全家的悲伤。

我记得当时天空还下着很大的雨，人们在外面搭上了帐篷等着我们。我看着那些人，他们有的忙碌，有的静默，对我们说着节哀顺变的话，真诚地缅怀先生……我沉浸在那种感动里，并深深地体会到先生和孩子们所积累的人际关系的宽度和深度。并不是说毕业于名牌大学、在名牌大学当教授就能够拥有好的人际关系，只有真心待人，服务别人，这一切才能成为可能。我知道，在这一点上，先生和孩子们都做得相当棒。

我们生活在社会中，人离不开人。我们需要这种人际关系，它给了我们支撑，甚至是生活的力量。

19. 一个没有朋友的人是孤独和可悲的

我听说过很多毕业于名牌大学的年轻人的故事，他们进入了一流的公司，但是并没有坚持多长的时间。虽然有各种原因，但在人际关系上缺乏准备，显然是很重要的一个因素。

还记得一个韩国年轻人，他取得了名牌大学的 MBA 学位，在一流公司上班，虽然经常跳槽，但每次跳槽工资都会翻一番，并且持续升职。然而两年后，这种情况发生了逆转，他不但再也没有被提升过，而且还面临着失业的危机。这让我很惊讶。

后来他在东岩文化研究会主办的年轻专家会议上所说的话给我留下了深刻印象。在讲到自己失业的原因时，他说了这样的话：

“人生不是百米跑，而是马拉松。”

他说，能长期在那个公司服务的人，并不是比自己更有工作能力或者更有热情，只是在下班后，他们会经常与同事一起出去活动或聊天。这样，他们之间建立起了一种牢固亲切的关系，这种关系能让彼此在工作上受益。而那时的他，却疏忽了这一点。

世界上聪明的人很多，但是聪明不一定就能成功；默默地低头做事也很难获得成功。每个人都是团队和集体的一分子，要看到自己的身份和位置，发挥自己在团队中的作用，敞开胸怀，亲切待人，让自己周围的氛围轻松、和谐起来，让别人因为自己的存在更加受益，自己才能在这样的关系中得到成长。做到这一点，孩子就能成为这个团队中被认可的大人物。

举个例子吧。美国联邦大法院里有十三名法官，每个法官有三四名助理。大法院的法官助理是每个法学院毕业生梦寐以求的职位。因为大法院做的判决都是生死攸关，所以选拔助理的竞争也远比进入公司或大学入学更为激烈。

从求职信来看，应聘助理的都是毕业于名牌大学的优秀学生，所以只靠材料是无法判定的。因此，法院有着自己独特的选择方式。一般是由十三名法官担当评委，最后汇总大家的意见得出结论。当法官们意见不合时，应聘者自己也要去说服法官，为得到支持而进行交涉。

论聪明，所有人都是最高水准的法学专家，这个时候，应聘助理需要的就不仅仅是个人才华，还要有好的人脉。这就需要应聘者发挥自己的个人魅力,以及跟人打交道的能力,去争取尽量多的法官相信自己并选择自己。做不到这一点,就很难在众多应聘者中脱颖而出。

我看到很多孩子非常聪明、有才气,学习成绩很好,但他们往往恃才傲物、自私自利,人际关系很差,不被别人信赖和认可,也没有朋友。一个没有朋友的人,即使其他方面再优秀,也是可悲和孤独的,不会有大的作为。

20. 只有父母跟孩子关系好,孩子才有可能跟其他人关系好

我相信,没有一个父母会希望自己的孩子仅仅是个人能力优秀,但是不懂事或者人品不好,不能跟人好好相处。

然而,孩子与人相处的能力是从父母那里学来的。孩子一出生,首先面对的关系是和父母的关系。所以,**家庭氛围是孩子今后人际关系的底色。只有孩子和父母的关系好,孩子和其他人的关系才会好。**父母要在家庭中努力营造一个信赖、坦诚、互相尊重的氛围。一个连父母都不信赖的孩子,怎么可能信赖别人和被别人所信赖呢?

我想强调的是,人品和能力一样重要,只有具备好的人品才能得到其他人的尊重与信赖。建立和维持好的人际关系,靠的是品

质,而不是小聪明。真诚待人,永远是在跟人相处时首先要做到的一点。你付出真诚,才能收获真诚。世界从来都是平衡的,谁都不会不劳而获。如果付出了努力,这种付出迟早会回报到自己身上来。相反,耍小聪明的人,即使可能一时如鱼得水,也不会长久。真正的领导者应该要心胸宽广,要真实,值得信赖。

21. 父母的榜样力量太大了

作为孩子的第一个导师,父母要懂得该怎么做。就像园丁,一方面要给树浇水施肥,一方面也要修剪,小树才能茁壮成长。导师也一样,既要慈祥,又要严格,尊重孩子,爱护孩子,同时要关注孩子的成长,适时给予孩子忠告和教育。即使这个忠告有可能会给孩子带来短暂的伤害,恶化你们之间的关系,也要坚持。要看到孩子未来成长的方向,忠言逆耳,孩子总会慢慢接受并懂得这份真心。

这也是我提出成为真正的大人物应具备的七个要素的原因。这七个要素,每一个都不容易做到。还需要强调的是,这七个要素不只是给孩子的,也是给父母的。父母的榜样力量太大了,如果父母做到了,孩子学起来并不费力。

请父母和孩子的一起努力,这是我们的方向。凭着几十年培养精英人才的经验,我可以保证,顺着这个方向,孩子肯定会获得成功。

第 4 章

将子女养育成大人物的几种智慧

一般而言，如果夫妻之间交流不够，孩子也学习不到自然交流的方法。如果不能让孩子看到父亲母亲互相关爱、互相尊敬的模样，孩子也学不到爱护和尊敬的方法。如果孩子不愿意与父母交流，在自己与孩子的关系上找原因之前，首先从夫妻关系上找找理由吧。

如果说教育的目的是努力把孩子抚养成正直的人，那么教育的第一步就是相信孩子，尊重孩子的人格。如果父母都不首先相信和尊重自己的孩子，试问世上又有谁会欣然地尊重他们呢？父母一定要懂得所有关系都是相互的。**父母认可孩子，孩子也会承认父母。**这样一来，孩子会有自豪感，容易建立起乐观、自信的生活态度，也更容易成长为优秀的人。

1. 星期六早上的家庭会议

就跟夫妻关系一样，一个家庭也不是随意就能运转得好的，也是需要精心经营的。

我们一家八口人，算是个大家庭了。你若问我经营这么一个大家庭有什么经验，我首先想到的便是我们家的集体活动。

在孩子们上小学的时候，我们就养成了集体活动的习惯。一般的安排是周五的晚上一起看电视，或者周六一起去图书馆。周末，我们全家人会在书房里一起学习和讨论，我还会抽出时间来给孩子们理理发，跟他们聊聊天。这种习惯一直延续了下来。就算是可以自己一个人完成的事情，我们也会特地制定时间表来一起完成。我们夫妇认为，全家人共同活动的经验非常重要，它就像一条连接家人的纽带，让其中的每个人都能得到启发和成长。

这个经验也被我用在了工作上。我在耶鲁大学教书的时候，会要求两三名学生共同完成论文。有些独立性和竞争意识比较强的学生一开始觉得很不习惯，他们认为没必要几个人一起做。并且有的学生还问我，一起做总会有人做的多，有人做的少，怎么能给同样的分数呢？我回答说，团队合作很重要，互相习惯、建立平等互助的关系也是作业的一部分。

这样做的结果是，之前有过摩擦和争吵的学生在论文结束的时候竟然都熟稔起来，还逐渐发现了对方身上的亮点；之前不用心学习的人，也对学习有了兴趣。这样一来，强调个人主义的美国学生通过我的课，都体验到了东方的集体意识。

这一点很重要，特别很是对小孩子来说。在集体活动的过程中，通过交流、碰撞，他们能了解到合作、配合的意义，这比任何教育都要让孩子受益。

说说我们的家庭会议吧。我们的家庭会议时间订在每周六吃完早饭之后。其实，开会并不是特意为了教育孩子，只是因为家人比较多，家庭会议自然提供了一个可以进行意见交流和训练领导能力的机会。

在家庭会议中，主持者不是家长，而是由孩子们轮流担任，与他在家庭中的位置没有任何关系。主持者要准备会议主题，并组织讨论。年纪大一点的孩子，在学校已经做了班长或学生会长的，主持起来就相对轻松自如些；而其余的孩子也能借机学习，为将来在学校里担当组织者做好准备。

除了主持者以外，每次会议还要有一个助理，负责协助主持、控制时间、会议记录等工作，助理也是每周轮番担当。有了主持和助理，就能保证会议有条不紊地开展，其他人要做的就是参与讨论。会议一旦开起来，每个人都会很积极地参与，因为讨论的主题都是在家庭生活中遇到的，大家都会感兴趣的话题。

通过这样的经历，孩子们明白了交流的重要性，也知道通过讨论得到的结论往往更符合大家的利益。这会影响到孩子们的思维方式，让他们从小学会通过会议讨论下决策的方法。

家庭会议的主题从非常重要的到一般的都有，真是多种多样。虽然有时候争论得非常激烈，但是最终都能按照民主程序解决。虽然开会是我和先生的主意，但我们反而并不太适应这种完全的民主，开会时最不民主的就是我们。特别是我先生，他在父权制社会中长大，常常会不自觉地拿出父亲的权威，摆出家长的架子。但他的做法，在家庭会议上会受到孩子们的指责。

作为父母，我们平时看到的问题肯定是最多的，所以每次开会时意见最多，说话时也最大声，很容易激动。这时候孩子们反而一个个都非常沉着冷静，他们严肃郑重地对我们说：

“Dad, mum, you are out of order.”（老爸，老妈，现在没轮到您，请您得到发言权后再发表意见。）

我们也会立马注意到自己的举止，听从孩子的批评，把“父母特权”这个不安分的东西按捺下去,悄悄安静下来。

你看,家庭会议首先给我们做家长的上了一课,我们夫妇学会了将每一个孩子都看做是独立的人格个体,撇去家庭位置,完全尊重他们。这样一来,孩子们会喜欢和推崇这种方式,家庭会议才能好好地举行下去。如果家庭会议成了父母说教训话的时候,孩子们肯定会觉得索然无味,甚至会出现反感情绪。

在这样的氛围中,孩子们熟悉了民主会议的主持方式,我们夫妇也等于是受到了民主的训练。我们更加意识到,父母和孩子是互为老师的,需要互相学习和协商,方能让一个家庭更加健康和美满。

家庭会议加深了我们对很多问题的认识。当然,这么说大家可能会误会,以为我们的会议多么严肃认真。实际上,会议的主题中,“谁负责把垃圾放到门外”、“谁负责晚上关门”等琐碎的事情占据了多数。

这些主题虽然琐碎,却很重要,而且在当时看来确实是我们家庭中必须解决的问题。青春期的孩子食欲旺盛,天天水果、零食的,吃得多了,制造的垃圾也多,垃圾问题非常严重,有的时候一周就会有五六个大型垃圾袋。垃圾清扫车一周只来一次,所以,将那么多的垃圾袋搬运到门口,也属于非常大的事情。加上垃圾车每周末的傍晚才来,时间非常固定,只有在这之前半个小时才能把垃圾放出去,这样的限制更是非常麻烦的事情。

关门也属于非常大的事情。孩子们在学校各自都有活动,担当大大小小的职务，朋友非常多，放学时间也不一。特别是担任报纸主编的孩子，很多时候为了排稿子，在学校忙到很晚才回家，有时候还会带朋友过来，进进出出的人很多，谁最后出去也无法得知。有时候人出去后，就忘记了锁门，为家里的安全带来了隐患。关门问题也亟待解决。

就关门问题，还有垃圾问题，先生和孩子们展开了争论。先生的意见是，年龄最大的孩子要负责垃圾和关门的问题；但是孩子们则认为先生纯粹是韩国式的思考方式，他们提出反论，要民主，要轮流负责。

“由固定的人来负责更保险些，试想，如果轮流负责，变动太快，若中间有一名忘了将垃圾拿到外面，尤其是在天热的时候，怎么办？而年龄大的孩子责任心强，做事的经验也丰富，这样不是更好吗？”

“不公平，因为年龄最大，晚上就没办法好好睡觉，再晚也得起来关门吗？”

双方的争论很激烈，没有一丝一毫的让步。最后我出面说，我们先按照父亲的意见来执行好吗？然后，我说了下面的理由：

“你们的父亲认为守护全家人的安全比什么都重要。无论有什么事情，晚上都要关好门，也要按时扔垃圾，因此才要让最大的孩子来负责。父亲认为站在为全家人着想的立场上处理事情远比为一个人考虑更有意义。而我觉得你们似乎对个人的便利更注重一些，也就是说，你们是主张‘个人’，而父亲则主张‘共同’。你们看到的是现在的情况，但是父亲更多地看到了以后。你们想想，再过几年，老大会考上大学，离开家，责任就落到了老二身上。因此，虽然眼前看起来有些不公平，但是，从长久来看，这个责任会平均到每个人身上。这跟你们所主张的轮番制实际上是一样的，只不过这样的轮番周期长了些，因此，也会更加稳定。不要只看到眼前，要从长远的角度来看。时间是可以循环的，从长远的角度来看，这样的做法是公平的。”

我知道自己说得有点难懂，但还是把意见摆了出来。孩子们当时并不太理解，不是很满意，有点疑虑，但是最后还是决定先接受父亲这种“东方式”的解决方式。

事实果然按照我和先生的设想进行。孩子轮流负责，老大考入大学住宿舍后，责任落到了老二身上，然后是老三、老四。几年后，最小的儿子定柱考入了寄宿中学，比预想的要更早离家了。我现在也不能忘记定柱留给他父亲的离别纸条，那是孩子对坚持“东方式”的父亲可爱的“反击”。

父母亲：

你们还记得几年前父亲让年龄最大的孩子去收拾垃圾和关门的事情吗？现在我不在家了，就得由父亲来做这些事了，因为父亲比母亲大。父亲，现在该轮到您了，我相信您一定会遵守我们家庭会议的决定的。

爱您的儿子　定柱

备注：母亲，您的话是正确的。“东方式”从长远的角度看是非常公平的。哈哈！

定柱在自己的落款前面加了个大大的笑脸。

家庭会议与其说是教育孩子的契机,不如说是家长和孩子共同成长的契机。这给了我们全家人非常珍贵的经验,其中最重要的一点是,我们学会了通过接受对方的立场来商量和协调。不只是在家里,在社会上也应该这么做。

通过家庭会议进行教育的力量是非常大的。它的好处在于,不提倡强制,提倡协商,不为孩子做规定,而是让孩子自己规定;与家长的强制结论相比,他们会更信服自己通过讨论得到的结论,也更容易去遵守和执行。

我亲眼看到,我们的孩子在这样的氛围下,变得越来越自信、自如、有主见、有责任心,而我们全家也越来越融洽和幸福。

2. 儿子给我立的规则——对我说的话要同时对我妻子说

大儿子京柱在结婚时,很认真地跟我说了一句话:“妈妈,我已经结婚了,现在是两个人一起生活,以后您对我说的话,也要告诉我妻子。”

他的意思是,没有什么话是只能对儿子说而不能对儿媳妇说的。刚刚听到这句话时,说实话,我有一点不适应,没反应过来。当然,每个母亲都会经历这个时刻。儿子结婚了,离开了家,从此,他最亲近的人是妻子不再是母亲。不过,即使我有微妙的情绪波动,我仍然很理解京柱。他是为了家庭的幸福、夫妻的和睦,而向我说明了他的原则。他的规则是基于夫妻双方相互尊重的基础而树立的,同时也考虑到了我的立场。

除了这个原则之外,我们之间还陆续定了其他的原则。

比如过节。因为我们理解儿媳妇也有自己的父母,所以圣诞节时京柱跟她回娘家,而在中秋节时他们到我们家来,如此轮流来照应。

老实说,刚开始的几年,我也很不习惯。儿子结婚前每次过节都回家,现在却不能常见到他了,我有点失望。但是我也在考虑亲家的感觉,他们把独生女儿嫁到我们家,女儿不在身边,肯定更感到孤单。所以,这样轮流回家的做法是很公平的,无论是对儿子和儿媳妇,还是对双方的父母,其实都很有好处。我理解了孩子们的想法,慢慢地,心里也就释然了。

同时,我也发现,凡事定个规则,预先打好招呼,做起来会比较轻松。就像孩子回谁家过节这件事,提前定好后,一来,我们可以做好见不到儿子的心理准备,不用再猜测儿子回不回来,没有了太多担心;二来,也可以提前计划其他事情。

这里其实是在讲一个协商的问题。从孩子小的时候起,就要告诉他协商的重要性。自己的计划要跟他人的计划协调起来,如果仅仅看到自己的事情,而不去考虑周围的因素,自己的计划就很容易受到影响,很难成功实施。

我小的时候,因为父亲在做生意,来往的人比较多,加上表兄弟也住在我们家,所以,家里总是很热闹。很多时候,我想学习,但因为突然有事情要我去帮忙,我的计划就被打乱了。为此,我感到很不满,时常抱怨父母和客人打扰我。后来,客人一来,影响到我的学习,我就躲到卫生间去看书,好几次都被人发现。

这样的情况一多,我就考虑是不是需要改变一下自己的方法。然后慢慢地,我开始学得灵活起来,在家里安静的时候学习,而家务事非常多的时候,就看眼色去做事。这样一来,效率反而提高了。

因为小时候的经验和教训,我总是很注意自己家里的安排。

一方面,我教育孩子们要事先定好计划,并帮助他们好好地遵守计划;另一方面,因为家里的客人也总是非常多,所以我们会事先协商好一些事情。在每周一次的家庭会议上,我会提前告诉孩子们这周的什么时候会来客人、来哪些客人,我需要什么样的帮助等问题。

在家庭会议中,我们不但会让孩子们知道我们夫妇的日程安排,也会确认孩子们的安排。如谁要考试,谁去竞选学生会长,谁去参加演讲比赛等等。这样,下周会发生什么事情,大家都会提前做到心中有数,在互相要求什么或是拜托什么的时候就不会有负担和不情愿。通过这样的提前计划和协商,事情处理起来自然就会游刃有余,自己也就不会烦乱和受到影响了。

同时,这样的协商活动也让孩子们获得了一个锻炼和沟通的机会。其实,在孩子成长过程中,给他们影响最大的应该是和周围人之间的关系。我家的六个孩子既是伙伴也是竞争者,大儿子做好了,底下的弟弟妹妹也会跟着做好。家庭会议的主持也是轮番来做,所以弟弟妹妹会学习哥哥姐姐的方式,把这个变成自己的方式,还能加进自己的创造性,获得更快的成长。

还有更重要的一点,孩子们在这样的过程中,学会了尊重别人和被人尊重的方法。开会的时候,我们首先要公布自己的一周计划,并要求别人来尊重和配合自己的计划;而当听到别人的计划时,也会考虑自己怎么做才能帮助别人更好地完成他的计划。这样一来，每个人都学会了双赢的思路，懂得了要想被人尊重，首先要尊重别人的道理。

在这一思路的指导下，孩子们会形成为人做事的习惯，并坚持一生。这对孩子们来说，是最大的资产。

而对于我们夫妇来说，跟孩子的互动也带给了我们很大的快乐。虽然我们都有共同的价值观和道德心，但因为孩子们个性都不一样，对待问题的具体方式和做法也会不同，所以他们经常会给我们带来惊喜和新鲜感。对我们来说，**家庭会议不仅是整理日程的会议，更是发现孩子们的个性、珍惜和疼爱孩子们的才华、找到做父母的快乐的时间。**

3. 记住，孩子远比我们想象的更成熟

“他还是孩子，懂什么啊？我们会替他打算好。”

有的父母，甚至当着孩子的面，也毫不在意地对别人这么说，就好像要告诉别人自己多疼爱孩子一样。其实，父母应该理智地考虑一下自己说这句话时的立场。显然，这样说的人并没有把孩子当成独立的个体，而是当成了自己的保护对象，认为孩子柔弱，没有能力去独当一面。

但问题是，**你怎么看待孩子，孩子就会成为什么样的人。**

我的一个学生跟我讲过她小时候的经历。她五岁时,有一次被父母带去一个陌生的朋友家做客。由于不熟悉环境,她就一直没说话,加上她平时也表现得有些内向,于是父母得出一个结论:这个孩子不爱说话。从那以后,不管带她去哪里,父母都跟别人解释说,我们家的孩子不太爱说话。这个评价一直影响着她,甚至成了负担。很多时候,她其实很想表达自己,但总是勇气不足,自信欠缺,反而压抑了自己。之后,我开始有意识地鼓励她多发言,而且一看到进步,就表扬她。慢慢地,她在我的课堂上开始活跃起来,跟老师、同学都沟通得很好。但是只要一回到父母身边,她就立刻回到了小时候的状态,又成了一个"闷子"。

可见,父母对孩子的提早定位,尤其是这种负面的定位,对孩子的影响有多么大。

所以,有一件非常重要的事情,请父母牢记:**孩子远比父母想象的要成熟。**

孩子的成长就像雨后的春苗,是迅速和生猛的,几天就会有个大的变化。虽然,他们看起来静悄悄的,一切正常,但成长期间孩子内心经历的动荡是大人们很难想象的。很多父母并没有发现这一点。其实,父母需要用一部分精力,进入孩子的内心,揣摩孩子的想法,好好地认识和了解自己的孩子。

我觉得,认识孩子的第一步是信任孩子,尊重孩子的人格。如果连父母都不尊重孩子,敢问世上还有谁会率先尊重他呢?

换句话说，如果父母希望自己的孩子被别人尊重，父母首先要尊重自己的孩子。要知道，所有的关系都是相互的。

千万不要认为自己比孩子更清楚他需要什么，一定要扔掉这样的想法。很多孩子都是因为家长的这种想法，不得不去做不喜欢的事情，小小的年龄就变得无奈和烦恼重重。

“你还小，不知道什么是好的，妈妈让你做什么你照做就好了，妈妈又不会害你。你以后会感激我的。”

这是很多母亲在替孩子做决定时惯用的说辞，但是这么说的人根本就没把孩子看成一个独立的个体。这样的家长在对待孩子的学习和生活时，经常表现出强硬的态度。他们喜欢替孩子做决定，并认为这样是理所应当的，仿佛做孩子不喜欢的决定就是在为孩子着想，而顺着孩子就是害了孩子一样。这是很多父母的思路，也是一个非常深刻且值得我们探讨的问题。

有的父母认为，孩子的学习习惯要从小时候开始养成，因此将自己制定的计划强加于孩子，跟他们讲“为什么要学习”。即使孩子们不懂，或者对这个并没什么兴趣，父母也会想，“没关系，首先开始了再说，慢慢他们就明白了。”这是想当然又有些简单粗暴的心理，把这个强加给孩子，并不会取得预期的效果。

学习习惯要从小养成，这句话我也赞同。但是培养并不等于强加。家长应该将孩子看做是一个独立的人格体，努力去寻找一种适合孩子的学习方法。

换句话说，**父母要找到一种没有副作用的教育方法。**

在我们家，我的先生对孩子们的学习特别关心。他认为要想抓好孩子们的学习，就要让孩子们有方法地学习。先生根据每个孩子的年纪和性格定下学习时间和任务量。等孩子到了能够跟我们交流的年龄以后，我和先生就跟孩子一起制定学习规则和学习任务。到了孩子们能够自主地制定计划的时候，我们的任务就是监督，看他们能不能完成学习计划。按照自己的实际情况制定出适合自己的学习计划后，孩子一般都能够按时甚至超额完成任务，这样一来，他们的成就感和自豪感就会提高，对学习的兴趣也会成倍增长。

所以，要想帮助孩子养成好的学习习惯，不仅孩子需要努力，父母也需要努力。这里的努力，不是指偶尔一次或几次的督促，而是要灌输给孩子一种持久的态度。这要求父母自己要有成熟的心态，和坚持的品质。许多父母很随意，根据自己的情绪来选择对待孩子的态度，有时候说“今天不用学习了”，有时候却说“到时间了怎么还不学习”。这样没有原则地对待孩子，不但无法让孩子养成好的学习习惯，而且会给孩子带来心灵的混乱，让他学会看大人的眼色行事，变得投机和功利。

刚开始指导孩子学习的时候，最好是每天早上都跟孩子沟通，确定当天要完成的学习计划。随着孩子长大，从以天为单位到以周、以月为单位来制定计划，让孩子有方法地学习。这样，好的学习习惯就会养成。当然,期间父母也要努力去遵守计划,约定好要学习的时间内最好不要妨碍孩子,而在孩子的自由时间也不要再要求他们学习。

一个优秀的孩子往往是这样去做的,通过制定计划,安排自己的学习时间和自由时间,做到充分利用时间,有效率地生活。人生就是这样一个不断训练、日积月累的过程,想想看,一个连自己的生活都安排不好的孩子,以后如何去为别人做更多的事情?

4. 交流——处理矛盾的预防针

养育孩子的时候难免会碰到大大小小的矛盾,出现矛盾并不可怕,只要家庭里的爱和关怀足够强大,通过交流就能够充分地解决问题。就怕出现矛盾后逃避或者视而不见,矛盾就会激化到难以调和的程度。在缺乏爱、沟通和信任的家庭中长大的孩子,一开始好像看不出来,表面上也跟其他孩子一样健康成长,但就怕碰到挫折和矛盾,他们在敏感时期很容易被击败,走下坡路。

想要在不安稳的家庭中长大的孩子也能够健康无比,这简直是奢望!在教育孩子之前,首先要确认家庭的健康状况。

不要急着羡慕其他家庭和孩子的成功,多看看你的家庭,看看你与孩子之间是不是缺乏交流。

不跟孩子交流，又怎么能知道孩子的想法呢？连孩子的想法都不知道，又怎么能在出现矛盾的时候成功地化险为夷呢？没有交流的习惯，大大小小的矛盾会将父母与孩子的距离拉得越来越大。

心理上与孩子距离远了，又怎么能期待孩子信赖父母的教育呢？孩子不信任父母，又怎么能尊敬和理解父母呢？连最应该要信赖和依靠的父母都不能相信，又怎能相信、爱惜他人并施以关怀呢？不能信赖别人、爱别人、关怀别人的孩子又怎能成为领导者呢？

所以，你看，交流是那么的重要啊！但需要注意的是，交流并不是只有在经济和时间都很充裕的家庭中才能享受到的奢侈。每个家庭，随时随地都要有交流的空间，若是缺乏交流，不但不可能有教育，连一起生活的意义也没有了。

交流是观察对方的立场、讲述自己立场的最自然的沟通方法。**如果孩子不愿意与父母交流，在自己与孩子的关系上找原因之前，首先从夫妻关系上找找理由吧。**

一般而言，如果夫妻之间交流不够，孩子也学习不到自然地交流的方法。如果不能让孩子看到父亲母亲互相关爱、互相尊敬的模样，孩子也学不到爱护和尊敬的方法。这样一来，他们不听父母的话是理所当然的事情。看不到父母互相尊敬和交流的模样，孩子又怎能尊敬父母，并把父母当做交流对象呢？

父母首先要让孩子看到变化的模样。不要强迫孩子改变，懂得交流的必要性的父母首先要自己要多多交流，给孩子们树立榜样。

在我们家，无论有什么事情，我们一家都要一起吃早饭。在餐桌前，孩子们轮番说说大大小小的事情。此外，每周五晚上全家人会一起看电视，分享意见。周末从教会回来后，大家也会一起分享心得，同时也会聊聊彼此的生活，说说笑笑，互相倾听和激励。

交流是问题解决的线头。生活不可能是一帆风顺的，我们会因为各种各样的理由与其他人发生了大大小小的矛盾，有些人避开了这些矛盾，有些人则积极地去面对、解决，也有人会说，每个人的思考方式不同，就那样算了。

但是当这个矛盾的对象是自己的孩子时会怎么样呢？即使跟自己的孩子之间，也存在这样那样的矛盾。与孩子的矛盾不能无视，也不能强硬地搬出做父母的权威，强压性地解决掉。无论父母多么优秀，都不能左右自己的孩子。

孩子是独立的人格体，是有自己的梦想、想法和心的完整的一个人。父母要认可这一点，要换位思考，达到彼此的理解。这个过程可能比强制解决要缓慢地多，但这是解决问题的唯一方法。

矛盾是探测仪，一般父母对孩子了解多少，一旦遇到了矛盾就很清楚了。但是通过矛盾来确认彼此了解的深度是非常没有意义的事情。在彼此伤害之前，要多多交流，积累信赖感。不只是感冒需要预防针,对于与孩子的矛盾也是需要预防针的。打好了预防针,即使有病毒也不会得病,能够健康地度过,而交流就是这样的预防针。要养成交流的习惯。

有人会问:在同一个屋檐下生活,交流不是天天发生吗?有必要特别地去训练吗?

要知道每天的日常对话并不是交流的全部,交流建立在对对方情绪的观察和内心的关怀上,平时的日常对话是为了维持家的运转,或者自己的生活,但交流是为了关怀别人。我看过很多家庭的例子,因为父母不善于跟孩子交流,导致关系变僵,即使这不是父母的本意。再温暖的心灵,如果不去关心和爱护,也会失去温度。去表达吧!

5. 打开孩子心灵的交流方法

我们家每天早上一定要一起吃早餐,这为我们的交流提供了好时机。无论有什么样的状况,无论有多忙,在家里的家人都要一起吃早餐,这是我的先生定下的原则。不单单是因为吃早饭对人体的重要性,还因为能够让自己从每天早上开始认知“家庭中的我”。在新婚的时候,我非常厌烦这样的原则,但是在养育孩子的时候却发现这是非常好的习惯。

早上看到孩子们的表情和氛围就能大概猜出孩子身上发生的事情了,并且能够轻易地提出问题。看到比较忧郁的孩子,母亲就能表示关心了。但是表示关心并不等于直接向他们提出问题。

"孩子,你怎么了?最近有什么问题吗?"

这样问的话,不但不能让孩子感受到你是想跟他交流,反而让他觉得被你发现了什么事情。并且如果孩子不回答,父母就会非常急躁,这也会给孩子增加烦恼,反而造成不必要的矛盾。

这时候,我会问跟这个孩子使用同一个房间的其他兄弟姐妹。

"他有什么苦恼吗?"

住在一起的孩子肯定比我更了解情况,跟这个孩子谈谈,就能了解得差不多了,然后再对症下药,效果往往很好。这是我总结出的小窍门。

尤其是对于处在青春期的孩子,他们的情绪波动很厉害,叛逆、烦恼、忧郁……负面情绪一大堆。如果父母不知道问题所在就直接去问,会使孩子反感,追问太多,则只会让孩子陷入更加混乱的状态当中。这时候最好的支援军就是他的兄弟姐妹。当然,现在很多都是独生子女的家庭,这时候,孩子的好朋友可以担当同样的角色。

在跟孩子交流之前,多问问周围的人,做好准备,这样一来,也就不用听孩子们抱怨"妈妈你什么都不懂,还……"的话了。

在与孩子的交流中最重要的一点就是理解交流的性质。**有的**

话在全家人都在的时候说比较好，而有的话只有两个人的时候才能讲。如果不能区别这一点，会让本来就敏感的孩子感到更加伤心，矛盾也就越来越大了。

另外，要注意引入交流的时机，最好不要直接跟孩子说“我们来谈谈吧”。这种单刀直入的形式，会让开始交流之前的氛围变得尴尬又生硬，孩子也很难一下子对你敞开心扉。与孩子一起做他所喜欢的事情，购物啊、看电影啊、看电视啊等，自然地营造一个两人时间，氛围变得轻松自然了，聊天就可以开始了。

此外，与孩子们交流的方式有很多种。例如，我就经常利用给孩子们理发的时间，通过给孩子们理发、抚摸他们、给他们擦粉等自然的碰触，我们的亲密感更加强烈。那时自然地问他们我好奇的事情，孩子们便不会排斥。

有一次，从周围的孩子那里听说有个孩子因为异性朋友问题而苦恼，我就假装不经意地跟孩子提起他关心的话题：

“新学期有没有转学来的同学啊？我小时候有一次班里转来了一个同学，太帅了，我的心一整个学期都‘咚咚’地跳个不停呢。”

这样一来，孩子也能够自然地提出他自己的问题了。

6. 强求不是交流

在听孩子说他的故事的时候，最好不要直接作出评价。如果孩子感觉到家长是在分析和评价自己，他就不想再说了。因此，父母可以提出其他问题，或是同意孩子的做法，来继续诱导孩子讲出来。

“妈妈，我参加班长竞选，遇到了这样的问题……”

对于这样开始讲话的孩子，马上评价说“你为什么只有这水平，那时候应该这么做……”等等，孩子马上就会闭上嘴巴了。

“你参加竞选，其他同学都支持吗？”

以这种形式提出其他问题，了解孩子当时所处的状况，就可以了解关于孩子人脉关系的情报。如果孩子说有其他的竞争者，在班长竞选中觉得比较困难，就不能直接拿他跟那个竞争者做比较。要给孩子思考的机会，让他自己整理好思路。这样一来，他自己就能够分析出竞争者的优缺点，并在日后加以改正。

有时候只要父母稍稍地改变交流的技巧，孩子就能马上说出自己的事情，但是也有时候，即使父母投入很多的努力，孩子也不愿意交流。这时候，不要评价说这样的交流行或不行，而要耐心地等待。**如果父母足够耐心，孩子终究会讲出来的，因为每个人都有**

说出自己立场和得到别人理解的欲望，他暂时不说，是因为他自己的性格，或者是对你还不够信任。

我的孩子中，有些很愿意把烦恼讲给我听，也有不愿意讲的。但是什么时候敞开心怀只是时间的问题，最终我还是会跟孩子进行深层的交流。即使有些话不容易对人说出来，但只要明白对方是真正疼爱自己，孩子就会积极地跟父母倾诉。

另外，交流不能像讲课一样事先定好时间，要努力让交流自然地成为生活中的一部分。要给孩子“只要是关于你的事情，母亲什么时候都愿意倾听”的确信，这样，即使母亲没有发觉问题，孩子也会主动开口说出来，从而使问题得到解决。

在交流的时候还有一点要注意，不能给孩子“我是大人，你是小孩，你要听我的话”之类的暗示，最好表现出相反的态度，让孩子感觉他是在告诉你一些你不知道的事情，这样，他会很愉快，也很有成就感。

我常跟孩子们说这样的话：

“我不像你们从小在这里上学，也不太清楚你们学校的情况，我想听听你们的想法。”

我给孩子们的印象，不是我要指示他们什么，而是我真的渴望了解他们的生活状况。通过随时向孩子们询问学校发生的事情，也询问孩子们周围的人的方式，父母可以了解孩子们的生活。而这样的努力，也会获得孩子们的尊重。

与孩子们交流的时候,要注意的是“可以建议,但是不要强求”。如果孩子在讲述自己的问题时有不对的观点,不要立刻打断他,等他讲完,听到最后。

在孩子说话的时候,家长要努力去理解孩子的心情和状况,努力让孩子能够将事实看得客观一些,这样才能帮助他。不要为了心疼孩子,或者为孩子鼓气,而赞同孩子不客观的观点。

当孩子因为和学校同学发生矛盾而苦恼的时候,我这么对他说:

“也许事实确实像你说的,那个同学是因为嫉妒你,才会挑剔你,指责你的想法。但这终究只是你自己的解释,对吧?我们没法知道别人的想法,对吧?所以我们也不知道这到底是不是事实,也对吧?”

如果谈话刚刚开始,自然不能讲出这么与孩子观点截然不同的结论,那样的话,孩子会闭上嘴巴,什么也不说。但是因为孩子已经把具体情况都说出来了,所以会静静地听我的意见。虽然我一下说了很多,但都采用提出建议的语气,并不强求孩子听从。这样,下次我们才能继续敞开心怀作交流。

“你不妨想想那孩子的立场。他指责你,肯定是觉得你有做的不好的地方。这样的话,你不要反过去指责他,而是再对他好一点。让他做你的朋友,不是很好吗?”

这样说完,孩子就会知道该怎么做了。当然他们表面上不一定会接受,但是内心会渐渐变化的。当他与自己的同学关系变好后,终会说出感谢你的话的。

所以,我要再次强调,在与孩子们的交流中,可以建议,但是不可强求。这才是真正的交流。

7. 该处罚时一定要处罚

有一次,孩子们很晚还没有回家。一般情况下,他们到了晚上十点半就会回来的。但因为是跟教会的孩子们一起出去的,我们没有很担心,但是到了凌晨一点半仍然没有回来,我们就越来越坐不住了。

父母们互相打电话、询问,正在急得一团糟的时候,孩子们回来了。

"到底是怎么回事儿?为什么没有打个电话?"

看到孩子们安然无恙,我既高兴又生气,所以追问他们。孩子们回答说,海边上没有公用电话,没办法打。

"为什么不事先得到父母的同意再去海边玩?"

孩子们不吱声了。我给了他们处罚:一个月内除了去学校外不得外出,当然也将理由仔细地讲给他们听,以免让孩子心中不服气。

我认为,处罚也是表达爱的方法,需要处罚孩子的时候就一定要处罚,但要注意讲明理由。

所以,我逐一向孩子说明,因为他们没有按时回来所导致的后果:全家人都非常担心,等到了很晚,而且我们还给周边的邻居打电话,让很多人也跟着不安。我把这些分析给他们听,让他们理解自己的错误,并去反省。

由于孩子们本来就认识到了自己的错误,我这么一讲,他们更加承认,心甘情愿地接受了处罚。而类似这样先斩后奏的事情,以后再也没发生过。

当孩子无法理解自己的错误时,少去讲抽象的原则,直接把他们的行为可能导致的事故和后果举例说明,效果会比较好。

另外,**处罚之前,最好让孩子想想父母为什么要处罚他。**父母并不是为了为难孩子,或者是因为讨厌孩子而处罚他们,而是为了能让他们明白自己的错误、再也不要犯同样的错误而处罚他们。让他们正确地了解受罚的理由,处罚的目的才算达到了。

一味地说是因为你不听话才打你,只会增加孩子的反感。挨打的孩子也不会有时间去想父母为什么打自己了。不能让孩子明白理由,处罚就只会是让他伤心的事情。

在儒家教育中父母会首先将做错的理由讲给孩子们听,然后决定打几下,打的时候也是先告知后才拿起鞭子的。但是现在有些父母拿起鞭子的时候,不管原则,按照自己的心情来决定处罚时间和强度。而这样的话,孩子在受处罚的时候说是反省自己的错误,还不如说是为了迎合父母、看父母的眼色呢。

处罚的时候,核心并不是要不要打、要打几下等问题,核心在于要怎样让孩子明白错误和处罚的理由。再次强调,处罚不是以给孩子们痛苦为目的的,而是为了让孩子们正确地理解状况,以后不再犯同样的错误。再次给他们机会,这才是目的。

8. 最大的帮助是帮助孩子养成好的学习习惯

我没有强求过孩子们学习,我的先生也没有。如果学习通过强求才可以完成的话,我们也许会这么做,但是我们都是这样走过来的人,比谁都清楚学习的特性。

你可以暂时强迫孩子学习,但是不可能一直强求。在小学时,自己认真学习的孩子比不上父母坐在一旁检查练习题的孩子。因为小学的学习没有要领。

但可以肯定的是,被父母强求着做功课的孩子在小学毕业以后就不行了。到了中学,会出现父母辅导不了的内容,加上孩子也长大了,不再乖乖听父母的话了,父母的强求方法也不会再起作用了。而这个时候,如果没有学习的热情,孩子很难把那些知识转化成自己的。

学习不像搬东西，使一次力就可以了。学习要持续地积累知识，要思考，同时要不断地寻找学习的动机，才能持之以恒地去完成。

父母应该起的作用，不是坐在一旁盯着孩子读书，不是坐在一起准备考试，而是要为孩子的心灵灌输“我想学习”的欲望，还有一点就是，**父母能够做的最大的帮助，是帮助孩子养成好的学习习惯。**

我们不强求孩子学习，但是我们对孩子的学习很上心。我和先生分工明确，一般是我关心孩子们的内心世界和学习动力，先生关心他们的学习习惯，具体指导学习方法。

我希望孩子们能找到自己的学习动力，所以让孩子们去多经历，积累经验。比如，社会服务对孩子们的学习就有很大的帮助，在参与社会实践、帮助别人的时候，他们感到快乐，并且有成就感。为了更多地、更长久地感受帮助别人的喜悦，他们根据各自的兴趣选择专业，并在各自的专业领域都做得很出色。学习只是达成目的的一个手段，帮助别人才是最终的目的。

孩子们没有把在与他人的竞争中取得胜利当做是学习目的，这是万幸的事情。如果将学习本身当做一种目标，就很难达到一定水准，也不能拥有那么浓郁的学习热情了。所以，要让孩子思考自己的学习目的，找到强大的动机，学习才会有源源不断的进步。

当然，学习目的会根据各自的特性和梦想各不相同。父母要理解孩子的特性和梦想,不要强求,要顺着他们的成长方向帮助他们找到目标。要后退一步观察孩子的方向,并做出处理。

以上是关于学习动机的确立。然而教给孩子学习方法却与此完全不同,这个是更加细致的工作。让孩子从小就将学习习惯化,他们才能更自然地去喜欢学习,这部分就需要父母积极的配合。

9. 创造一个在什么地方都能打开书本的家庭环境

要想将学习习惯化,就要先创造一个良好的学习环境。

刚结婚的时候,在我们租住的公寓里只有一张书桌。我和先生都是喜欢学习的人,对我们来说,一张书桌是远远不够的。所以,我说我可以先在茶几上学习。但先生马上反对,说那样的小茶几怎么能用来学习呢。

然而,我们当时的经济情况并不允许我们购买更多的书桌。那是1952年,哈佛大学法学院的奖学金只有1000美元,除去600美元的学费和保险费及其他琐碎的费用,我们手里剩下的钱还不足400美元。但是月租金就要80美元,所以购买书籍和日用品时都显得捉襟见肘。更何况韩国当时还处在战争时期,家里汇给我们的钱,能不能收到都是一个大问题。

所以,我先生只要有时间就去二手市场,希望能给我找到一个合适的二手书桌。终于有一天，他用很便宜的价格买回来了一张看起来不大却很别致的高档书桌。

在我们家，书桌并不仅仅是单纯的装饰家具，而是用于学习的特别家具。先生费心为我准备书桌，是因为他不但将我看做他的妻子，更将我视为一名学者，所以这张书桌才显得更加珍贵。每天晚上刷完碗之后，我就坐在书桌前学习；哄着孩子们睡觉之后，我也会坐在书桌前继续学习。看到母亲努力学习的样子，孩子们自然而然将学习当做是生活的一部分。

父母只要让孩子们懂得学习并不是什么特别的事情，而是日常生活中的一部分，就等于是为孩子做了一切有关学习的事情了。如果父母能够自然地坐在书桌前，孩子也会跟书桌亲近起来的。比起说“你学习吧”，更有用的是说“我们学习吧”。

正因为有这样的认识，我先生无论到谁家里，都会先观察那家的书桌。如果人家没有一张像样的书桌，他总是会无法容忍地说上几句。

因为有这样的先生，我们家里到处都是书桌。到我们家里做客的人都会问：“你们家里的书桌为什么这么多?”六个兄弟姐妹加上我们夫妻，每人有一个书桌，这样就是八个了。但是我先生并没有满足于此，他在房东设计好的地下游乐室里摆上了一圈书桌，把房间布置成了一个图书馆。这下，我们家里的每个人都有两个书桌了。为了让孩子们的朋友来我家时也能够学习，就又多准备了两张。在不太大的家里，光书桌就有19个，再加上餐桌和茶几有时也充当了书桌的作用，算起来就更多了。

因此，无论在家里的哪个角落，都有学习的氛围。这一切都是我先生所营造出来的。书桌多了，孩子们就自然地想到去学习。实际上，也确实起到了那样的效果。不用强求他们去学，孩子们的眼里只能看到书桌和正在学习的家人，他们就会觉得学习是我们家庭日常生活的一部分。

孩子们放学回来，首先会马上完成当天的作业，然后去地下图书室，做其他自己喜欢的功课，最后才出去玩。家里书桌比较多，因此在孩子们学习的时候，如果有朋友来玩，就会坐在一旁的书桌上跟着一起写作业或者读书。附近邻居都说，到了我们家，孩子们就会开始学习，甚至有些父母会在每天下午的时候把不愿意学习的孩子们送到我们家里来呢。我们家里的地下图书馆，既是我们家孩子的图书馆，也成了附近孩子们下课后的图书馆。

记得在地下室准备书桌后，刚开始还闹过让我们哭笑不得的误会。

“高博士他们将孩子们软禁在地下室，强制性地让他们学习。”

这是那些嫉妒我们家孩子的人编出来的。但是，我的每一个孩子个性都很开朗，朋友也很多，所以这样的误会很快就消除了。

最近，我还发现有些父母为了孩子，将房间装饰得很漂亮，但是房间里却看不到父母希望孩子们学习的心意。而在我们家，一个房间首先要布置的就是书桌,这样放置其他家具的空间相对缩小了,看上去总会显得很拥挤。此外,先生怕书桌的边角过于锐利会碰伤孩子们,所以全部削下来了。又不是专业的木匠,他的手艺不可能做得好看。如果不知情的人看到,还以为好好的家具被弄坏了呢。

老实说,我也不太喜欢房间这样的模样,我也想像其他的主妇一样,将家里装饰得很漂亮。但是,我们家里的每一个角落,都呈现出先生对孩子们的心意。现在回想起来,房间里充满家庭亲情的氛围,可能就是最好的装饰吧。

我并不是说让所有的父母都将书桌搬进房间。我只是想告诉大家,如果想要让孩子们学习,要做出怎样的实践,以及这样的实践需要什么样的精神。家里的装饰也是同样的道理,所以父母要更加贤明、更加热情。

10. 家庭教师永远替代不了父母的角色

在一个人的众多优秀素质当中，自我表达能力是很重要的一条。在与人沟通的过程中，理解对方的表达，是第一步；而自我表达，是沟通的关键。培养孩子的自我表达能力，从小就要锻炼他分析情况、整理观点并表达出来的思维习惯，这对孩子的成长会很有帮助。

我的孩子都有自我表达的习惯，并且表达能力还不错，这是因为我们平时就非常鼓励他们在家庭会议、阅读、日记等日常生活中多思考、多锻炼。

我知道在很多家庭中，因为父母比较忙碌，就请家庭教师来辅导孩子。家庭教师一般都训练有素，会根据孩子的特点，采取适合孩子的教育方法，给孩子的学习带来了不小的帮助。但是只靠家教是不够的，家教一星期来一次或几次，对孩子再有帮助，也是不够。家教在的时候，孩子会表现得积极主动，但若家教不在，而父母不补上，不去引导孩子思考、表达，促进孩子学习，孩子就会变得被动。一句话，谁都替代不了父母的教育，父母的角色不能缺失。

父母角色最重要的作用是帮助孩子养成良好的学习习惯、思考习惯和生活习惯，这个任务只有跟孩子朝夕相处的父母才能胜任。

为了养成孩子的学习习惯，除了前面提到的一些措施之外，我们还规定了每天固定的学习时间。时间一到，不仅是孩子，我们夫妻也要坐到书桌前。孩子们放学回家的首要任务是写作业，这时候如果朋友们过来玩，就给他们准备书桌，让他们也一起学习。这是我们家的规矩，每个人都必须遵守。

“高家的孩子都是先写作业，写完作业就可以玩了。”

邻居们也都知道了我们家的规矩，有些父母为了让孩子学习，特意让孩子放学后来我们家。

另外，很多父母喜欢通过做比较的方式来激励孩子，“看某某某学习成绩多好，看谁谁谁多懂礼貌……”然后，转而面对自己的孩子，“你也要如何如何，你要超过谁谁谁……”等等。我不提倡这种方式，其实孩子在一个群体中，本身就会不自觉地进行比较，内心有竞争意识，但如果家长继续拿孩子比较，这种方式运用过多，或者引导不正确的话，会让孩子失去自信，并且变得被动和紧张，失去了自然的表现能力，甚至不愿意再跟看起来比自己优秀的人在一起，只看父母的眼色，天天担心父母又拿其他孩子跟自己比。这样一来，教育就是失败的，表面上是为了培养孩子的表现能力和竞争能力，实际上反而阻止了孩子去思考和表现自己。

我们家孩子多，有好学的，就有不好学的；有效率高的，有慢腾腾的。但我从来不去做比较，我觉得孩子们按照自己的特点和方式学习，都可以变得优秀。我们的家庭学习氛围比较浓，孩子受益很多，在家里或许显现不出，但一到学校，就发现自己比其他孩子懂得多，因此每个孩子都很有自信。有了自信，受了鼓舞，孩子会觉得学习、读书有意思，就更努力去做。碰到不懂的地方，很自然地问我先生，或者问我，这样学无止境，乐在其中。

我相信，孩子在这样的氛围下学到的东西，跟每周来一次的家庭教师的效果完全不同。父母朝朝夕夕、日积月累的培养才是根本。

由此我想到了我的大女儿，因为她一直在韩国，偶尔会来美国，所以英语不好，学习起来也很吃力。我没有请英语老师，也不建议她去上英语课程，而是在日常生活中有意识地去教她。虽然这需要花费很多时间，但有父母亲自教导，孩子学习的效果真的很好。在日常沟通过程中，除了大女儿的英语渐渐提高了之外，我跟她的互相了解也加深了，真是一举两得。

11. 鼓励孩子记日记

继续聊聊培养孩子自我表达能力的事情。如何从小培养孩子的表达能力，我们家的做法是让孩子写日记，然后互相传看。当然，这一点让美国人很惊讶：

“日记怎么能让别人看呢？”

美国人认为日记属于个人隐私，父母也不能看。但我们让孩子们写日记，不是为了看隐私，而是为了使他们认识自己的生活，然后去思考，去沉淀，去表达。

一个人走进社会，跟不同的人接触，为了表达自己的想法，实现自己的愿望，特别需要出色的表现力。但是表现力不是凭一时的努力就能提高的，而是需要长期的习惯去培养。就经验而谈，我们认为，记日记是一个很好的方式。而且我们强调不会看孩子的隐私，所以，孩子认为不想写的东西，都可以不写。这样一来，孩子们就没有顾虑了，很乐意去记录些什么，给大家分享。

记日记是锻炼孩子思考能力和表达能力的一个方法，也是我们了解快速成长的孩子们的一个通道。看到日记，马上就能知道孩子们的生活和心理，有什么问题，我们能敏锐地观察到。我们还会聚在一起彼此交流，谈谈大家的想法，虽然这会花去一些时间，但是对子女、对父母都有很大的意义。

前面也提到过，我们家特别重视早餐时间，而且一定会全家人一起吃，利用这段时间，可以聊很多东西。这是我们家庭与其他美国家庭不同的地方。

美国人的惯例是把晚饭时间定为家庭聚会的时间，但我们家喜欢早上一起吃饭，聊新闻和生活上的一些事情。我们始终贯彻“早睡早起”、“12 点之前睡一小时胜过 12 点以后睡两个小时”的方针，就这样一直坚持了下来。

吃饭之前，孩子们会依次做晨拜祈祷，这个时间成为孩子们向父母诉说困难的契机。有一次，一个孩子被先生狠狠训斥以后，低低祈祷说："上帝，请教我们理解心和忍耐心吧。"还有一次，我跟先生吵架后，女儿是这样祈祷的："请让我们互相关怀，互相感谢对方的优点吧。"

这是我们与孩子之间打开心扉的捷径，孩子们也通过这样的表达，锻炼了自己。

吃早餐时，我们还互相交流彼此的生活。例如，谁在家吃晚餐，谁今天考试，前一天发生了什么事情等等。来自韩国的爷爷、奶奶的信也在早餐时间被念给大家听，然后我们会对信上提到的信息，比如休息日或者亲戚什么的进行说明，自然地，让孩子们不要忘记自己的根。

早餐交流的有好消息也有坏消息，有一次，孩子说自己因为是东方人，而被别人嘲笑是"塌鼻子"。一大早听到这种事情确实有负担，但是大家可以对其表达关爱，大的孩子还会教小的孩子怎么去应付。

回顾过去，我懂得了先生规定必须一起吃早餐的良苦用心，这是我们彼此交流人生的机会。生活在同一个屋檐下，很多人忽视了这种交流，导致一家人的生命轨迹互不相干，至亲之间的心灵沟通被隔断，实在是很悲伤的一件事。早餐不仅仅是在形式上让我们一家人聚在一起，在心灵上，我们也聚在了一起。大家彼此关爱，互相了解，也能够更深地理解家的意义。

另外，写读后感也是培养孩子表现力及思考能力的好方法。

我们家最少一星期去一次图书馆。在那里,孩子们可以自由挑选喜欢的书,除了看自己借的,还可以与兄弟姐妹换着看。这样,一星期就能读到很多书。看到认真读书的孩子们,图书馆管理员也不断地表扬他们,孩子们因此而感到自豪。

我鼓励孩子们看完一本书就写写读后感,我们夫妇也会定期地与孩子们交流对书的意见,讨论书中人物,以及有关联的其他知识。这是一个非常愉快、获益匪浅的时间。

对于读后感的格式,我们不加限制,鼓励孩子自由发挥,表达出真情实感就可以了,不会因为写得少而去训斥他们。

一开始,在孩子还不太会表达的时候,我让他们像整理每日行程那样写读后感。如今天读了什么书啊、什么内容啊、我的感想是什么啊。写了一段时间,孩子就不满足这么简单的汇报了,开始想表达得更多。感到孩子表达能力有所提高了后,我就组织读书交流会,让他们把感想发表出来。在读书会上,他们会自然地讨论自己的想法、自己的读后感为什么这样写等等。虽然文章写得不好,但是从小就参加这样的讨论,他们的表现能力和思考能力都得到了锻炼。

直到现在,那些温暖美好的画面还不时浮现在我的脑海:孩子们每周六一大早跑到图书馆很自豪地拿出读书卡,踮起脚吃力地去够书架上面的书,听到图书馆职员的赞美而脸红害羞……他们的样子历历在目,并且永远地印在我心里,让我始终感到作为一个母亲的充盈和丰沛。

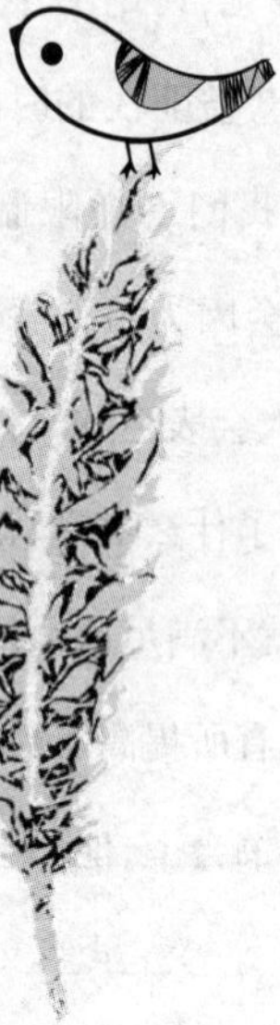

第 ❺ 章

写给父母、准父母和年轻人

对孩子而言,母亲的存在不仅仅是为他做饭、洗衣服,更重要的是做好那些只有母亲才能做的事情。

如果孩子想学好游泳，就要让他直接到水里去游。如果他只是看书或者在旁观摩别人，是永远无法学会游泳的。没有比经验更好的教育。所以，父母们，如果你对孩子有所期望，就不要一味地用说的去教育孩子，而要让他在现场亲眼看，亲身经历。他有了想做的事情，就让他跟从事这一行业的人见面，这是我在抚养孩子的过程中得到的经验。

1. 写给妈妈们：不要局限于教育孩子，还要懂得发展自我

妈妈们，不要仅仅局限于教育孩子，还要懂得发展自我。作为女人，作为妻子，作为母亲，要表现出自己成长、变化的一面，孩子们看到，自然会想“妈妈都那么用心，我也应该学习妈妈”。所以，妈妈的自我发展，其实也是为了使孩子更好地成长。

自我发展，就是在个人的职业范围内，最大限度地发挥自己的才华。不管从事什么职业，妈妈都要尽最大努力去开发自我，若仅仅为了完成义务的话，在任何事情上都无法很好地发挥妈妈的作用。自我完善和开发，并不仅仅是为了自我满足和自我实现，也是为了让孩子按正确的轨道上发展。这样一来，妈妈如果放弃自我发展的话，不仅对自己不负责任，对孩子也是不负责任的做法。

所以，妈妈们，更热情地去履行自己的职责吧！就算现在手头

做的事情，看起来与培养、教育孩子没有直接的关系，但是，我们应该从女性所承担职责的角度，去寻找它们之间的内在关联性。那样的话，才能更好地承担妻子和妈妈的职责，做好家庭内外的所有事情。

就我而言，学习社会学专业知识，不但自身受益匪浅，对教育孩子也起了很大的作用。身为一个妈妈，竭尽所能地行使自己的使命，终有一天你会感觉到，这所有的一切对于教育孩子都有着很大的促进作用，而且对于自己树立正确的生活态度，也有着积极的效果。

所以，要想培养优秀的孩子，就要先提高母亲的能力。母亲对一个家庭，起着决定性的作用。对女性来说，事业和家庭就像小鸟的两只翅膀，只有力量均衡才能展翅高飞。女性如果不能把自己所处的社会和家庭结合在一起，不能积极愉快地生活，那么，她的整个家庭，包括丈夫和孩子都会受到影响。

此外，**一个贤惠的妻子，一位开明的母亲，对社会也要有很明确的认识**。家庭是组成社会的基本要素，女性理应多认识社会，多了解社会，这一点，往往很多女性都做不到。因为子女教育的过程就是培养孩子进入社会、独立处理社会事务能力的过程，如果母亲自己对孩子即将踏入的社会都没有多少认识和了解的话，又怎么能将孩子教育成大人物呢？

母亲应该在工作和家庭中找到一个均衡点。是否进入职场工作并不重要,关键的是应该以什么样的态度对待自己所承担的职责,能否积极主动地自我发展,有无能力排列事情的先后顺序,并解决家庭和事业相互冲突所产生的矛盾和困难。

记得在我的孩子即将进入高中的时候,我也面临过继续工作还是照顾家庭的选择。当时为了从财团那里争取到更多的研究经费,我如火如荼地开展了工作,并投入了很多的时间和精力。但在孩子面临升学问题,需要对话和勉励时,我仍然选择了孩子们。社会学学会的活动刚好订在孩子正式开学的前夕,在我的专业领域里,这是非常重要的聚会,但是我几乎没有去参加过。

“孩子们的青春期只有一次。”

对我来说,领取研究经费当然也很重要,不过相较于正需要指导和帮助的孩子,就变得不那么重要了。毕竟,研究经费这次领不到,下次还有机会再申请。但是,孩子的青春期错过了一次,就不会再来。如果因为自己的一时疏忽,导致孩子不能稳定地度过这段时间,那么,孩子今后的人生可能要走很多弯路。所以,我选择了比学者更重要的母亲的职责。

孩子只是要升上高中而已,有那么重要吗?有人会不理解。但是当时发生过这样的事情:之前一直努力学习的孩子,有一天突然对我说,自己想休学一个学期。通过与孩子进行交流,我引导孩子作出了正确的选择。而这样的事情,并不是一个晚上就能说服解决的。

对于孩子而言，这个时期是个最需要父母关心的时期。父母不能觉得自己正处于艰难时期，就对孩子说“绝对不行”，这样的做法不够开明。平时遇到问题，我跟孩子们都是通过对话来达成理解，找出解决方法，因此，这次我也想这样做。

我决定用更多的时间跟孩子在一起，与孩子进行集中的对话和沟通，站在孩子的角度举出详细的例子，让他们去思考自己的选择会带来的结果。孩子们认真思考以后，自动放弃了对自己不利的选择。

有趣的是，我们家的孩子就像约好了似的，在大学二年级的时候，都提出过想要休学一年的想法。每当那个时候，我就会感到很无奈，但我没有对任何一个孩子发过火，相反地，我通过平和的对话，告诉他们要对自己的选择负责。孩子们经过对自己未来的认真思考后，都回答我说，要更努力地去学习。

多跟孩子聊聊天就会知道，以教条式的方法说教，孩子是不能理解透彻的。如果孩子无法理解，父母就需要选择易懂的表达方式，如果这样还没有达成效果，就再给他说一遍，或者继续寻找其他更好理解的方法。因为这样，我经常会陪着孩子熬夜，给他们做好吃的宵夜，倾注给他们更多的爱。

在与孩子对话、试图说服他们的过程中，我了解到真正能解决孩子们问题的人只有我。所以，在事业和家庭的先后顺序上，孩子理所当然成为了我的首选。其实，如果父母准确恰当地安排好了工作和家庭的先后顺序，那种焦躁感自然就会消失，而最初左右为难的心情也会在作出选择的那一刻变得舒坦和开朗。

我就是这样，在排好两者的先后顺序之后，再也没有感到过内心的矛盾。在有限的时间里，所能做的事情是有限的，如果光在那里苦恼的话，可能两者都会错过，倒不如抓住一个重点。而一旦有了决定，就要坚定不移地执行下去。通过我的帮助、支援，当孩子们作出正确的决定时，我也体会到了前所未有的成就感和满足感。

2. 有些事情只适合妈妈去做，妈妈就一定要做到

众所周知，对孩子而言，母亲的存在不仅仅是为他们做饭、洗衣服，更重要的是做好那些只有母亲才能做的事情。要确保对母亲角色的认同感，应该随时确立自己在孩子心中的威信，了解什么才是只有自己才能为孩子做的事情。

如果觉得目前能给孩子安慰的人只有自己的话，母亲应该放下所有的事情，去贴近孩子、安慰孩子。当孩子需要跟妈妈说说话的时候，即使不做饭，也要及时走到孩子身边。这才是更有价值的事情。有些事情只适合母亲去做，母亲就一定要做到，否则，这些就成了孩子生命中的缺失。

我也经常思考怎样能成为个好妈妈，并且也为此苦恼过。最

终得到的结论是，**即刻温暖孩子的心，拥抱孩子，跟孩子一起看世界，成为孩子可以说话聊天的对象，这才是母亲该发挥的作用。**

而如果我负责关怀孩子的内心世界，那么相反的，孩子们的父亲就该负责权威方面的事情。在惩罚犯错的孩子，或者制定早晨该几点起床的规定等事情上，我想先生应该比我强，所以我让他负责。他的想法也跟我一致，因此我们夫妻的角色有了很明确的分工。父亲负责外在的监督和纪律，而母亲负责解决孩子们内心的苦恼，处理那些若让父亲知道就无法被原谅的事情。

当然，像这样的分工家家都有所不同，可以根据父母的性格去协商。

下面是孩子们上中学时候的事情。

当时学校有个青年联合会，指导老师是一名非常优秀和诚实的牧师，很受孩子们的尊敬。孩子们都喜欢亲近他，也从他那里学到了很多东西。当时，我作为家长会代表，在联合会里负责做些咨询方面的事情。

一天，我的三个儿子问我能不能单独跟我聊聊，我很爽快地答应了。然后孩子们跟我讲了一个秘密。当时三个孩子都是青年会的负责人，那位老师跟他们仨格外亲近些，就把自己是同性恋的事情告诉了他们，而且知道这件事情的只有我的三个孩子。他们对此感到惶恐，很担心如果让父亲知道了，就不能再参加青年会的活动了。他们觉得那个聚会很有意思，不愿意退出，加上那位牧师真的是一个很优秀的老师,因此,也不愿辜负他的期望。

“妈妈,我们该怎么办呢?”

说实话,我之前对同性恋完全没有了解,所以我只有先答应他们对父亲保密。之后我就把能找到的关于同性恋的书都读了一遍。我没有刻意逃避这个话题,而是把它当做了夏令营的一个主题,邀请了医生、心理学者等专业人士一起参加讨论,为所有成员创造了一个可以学习这个问题的机会。在这个过程中,我自己也了解了更多东西,比如性取向不是个人的选择等等。这次讨论也成为了孩子们更深层地了解价值观不同于自己的人们的契机。

其实,孩子们成长的过程中发生了很多事情,其间有很多影响要素,只强调其中一个是不行的。有时候,当我看着今天的韩国教育,我在想是不是父母太重视学习成绩、排名等眼前能看得到的东西,而忽略了那些看不到的、隐秘的、侧面的东西,比如孩子的资质、品德、情绪等等。在这样的模式下,孩子很难健康成长,更别说成为发挥100%热情和能力的有用之才。

3. 对孩子的投资是最有价值的

结婚、生孩子以后，很多母亲开始抱怨没有自己的生活了。这其实是错误的想法，把家庭和孩子当成一个包袱或者绊脚石，是非常可悲的事情。如果希望孩子成为有用之才，就尽早把这种想法扔掉吧。

对孩子的投资，是人生中最宝贵、最有价值的投资。每每在看着孩子的时候，我才会体验到人生的价值。而我最感到自豪的时候，也正是守着我的孩子们的时候。

身为学者，我得到了大家的认可。我在耶鲁大学法学院讲过课，担任过联合国教科文组织的美国代表，同时作为客座教授去日本从事过研究活动。但是，我始终认为这一切都是为了让自己成为一个好妈妈。做妈妈的人生才是最优先、最幸福的，也是最有价值的。母亲是个能让人充分体会到自豪感和使命感的角色。但是，为什么在有的人看来是最有意义的角色，有些人却觉得是自己的负担呢？

凡事看人怎么去想了。在带大孩子的过程中，我所体验到的自豪和喜悦是无法用言语表达的。如果一个母亲，不去用心体验，而鲁莽地下结论说做母亲的感觉很糟糕，也因此不投入努力的话，家庭生活会因此而越来越困难。

有些人认为我的教育方式只有在美国才能行得通，也有母亲说我只知道在这里站着说话不腰疼，并不清楚在韩国养育一个孩子是多么的辛苦。但是，并不是只有在美国才可以边工作边教出很出色的孩子。在美国，强调自律和责任的社会氛围确实比韩国好，但孩子会更频繁地面临各种选择和决定，有时候也会感到相当混乱。对孩子来说，美国的教育环境比韩国好不到哪里。对父母而言，在美国社会养育孩子也没有一个社会性的标准。美国是多种文化和多样的价值观混杂的社会，再加上这里强调自发性的学习态度，因此，家庭所承担的教育责任比韩国家庭要重得多。

当初我去美国留学是因为朝鲜战争，而在美国结婚则完全是计划外的事情。我跟先生是在没有经济基础的情况下开始的生活。为了生存，我没办法放弃工作，而当时先生也在攻读两个博士学位，很多家庭事务也需要由我处理。后来又有了孩子，请不起保姆，亲人们也不在身边，一切只能自己打理，就连煮海带汤也得亲手做。我们当时的处境确实很艰难。

所以，那种认为只有在美国才能培养出色的孩子的想法是错误的。这里有这里的挑战。不管在哪里，父母只有拥有教育孩子的热情和正确的方法，才可以把孩子培养好。

4. 写给爸爸们：爸爸要建立家庭的秩序和规则

在前面，我呼吁妻子们要注意在家庭里树立先生的权威。在此，我重申一次，我并不是说要回到家长式作风的时代，而是认为，丈夫作为一家之长，我们应该给予他充分的尊重，让他发挥自己的作用。

养育孩子理所当然是夫妻共同的事情，就算是没有父亲的家庭，也得有人扮演爸爸的角色。我注意到，在很多家庭中父亲的作用不如母亲，父亲的角色长期缺失。实际上，一个父亲对子女的影响力是很大的。对于成功的孩子来说，父亲给予的爱和激励有多么重要，甚至都是无法想象的。所以，要让孩子了解到一个有优秀父亲的孩子会多么幸福和安定，他就不会轻看父亲的角色。

我的先生身为父亲，他自己的人生目的和意愿都非常明确，是一个会对子女教育尽一切努力的好父亲，而我也忠于母亲这个角色。偶尔先生长期出差的时候，我的角色会发生很微妙的变化。好似先生的权威转移到了我身上，我会对孩子严格起来，并努力维持好家庭秩序。每当这时候，我就会体会到爸爸在家庭中起到的重要作用。

爸爸用权威维持好家庭秩序，妈妈才能将精力放在关心孩子的生活上。**爸爸和妈妈的分工明确,孩子才能找到平衡点,一个家庭也才会变得有序而温暖。**

在倡导民族主义和自由主义的美国长大的孩子,对于父亲的权威,也提出过反对意见。但那些只不过是对正当性提出的疑问,绝不是对父亲制定的原则有什么不满。

我的孩子们对我和先生制定的家训或价值观百分之百认同和信赖,一直铭记在心,还把它传给他们的后代。

“一个人伟大与否,取决于他给予了其他人多少帮助。”

“理论无实践即无生命,实践无理论即无灵魂。”

从孩子们写的文章或采访内容,及新生欢迎词(耶鲁大学网页上有登载)中,我可以看到先生一直强调的价值观和人生观。

不仅如此,我们给他们灌输的原则,也在他们自己的家庭中反映出来。

“早睡早起。”

“要一起吃早餐。”

我给予孩子们的总是温柔的、温暖的、感性和有创造性的东西,而先生的教导,往往体现在某些规定或行为准则上,这些更能影响孩子们的教育理念。这让我更加意识到父亲的角色对于孩子们来说是多么的重要。

从孩子们在花甲纪念册的留言上，我看出来，他们也明显地感到父亲并不是一个温柔的存在，而是一个总是给他们提出要求和期望的“独裁者”。但同时，孩子们也说，从爸爸的权威形象中，能体会到不同于妈妈的爱。这些留言，其实是孩子对爸爸发自内心的肯定和感激。

5. 带孩子参与大人的场合，让孩子看到父母作为社会人的一面

没有一个人天生就是好父母，关键在于怎么去努力。父亲一般总是少言寡语，但这种沉默的力量，往往更加强大，一会对孩子造成很大的影响。要把这一点铭记在心。

我先生即使再忙再累，也会陪孩子一起学习。孩子们好的学习习惯及实质性的基础学习能力，都是先生教出来的。先生从来不会单方面地给孩子们布置任务和课题，而是与孩子们共同提出课题，一起研究，指导他们共同完成。

这样的方式让孩子们受益匪浅，后来，我的孩子们也这样对待他们的孩子。这也是我的儿媳妇们对他们的先生最感激的地方。虽然儿子们在自己各自的事业上都有卓越的表现，但教育孩子跟

他们的事业完全是两码事，如果没有父亲这个好榜样，他们就无法像现在这样对待孩子。儿媳妇们也知道这一点，常常跟我说，我们培养了很出色的儿子。

现在，我的儿子们每逢有领奖或者演讲机会，一定会带上自己的孩子，让孩子亲眼看到自己的父亲在做什么、取得了什么成就。这样一来，孩子们很自然地认为自己的父母是最出色的人，这就直接建立起了他们的自信。虽然随着成长，这样的想法会有所改变，他们会更加成熟和公正地看人看事，但是，那种对于父母的自豪感是伴随终生的。

除此之外，参与大人活动的孩子，还能学习到其他东西。他们会对大人的职业感兴趣，大人展示的社会生活也会成为孩子学习的动力。

此外，我和先生都有在新学期开始进行演讲的经历，那时候我们会带着当时上高中的孩子们一块去学校。我记得，孩子们参加完后都说，“爸爸把不好理解的问题讲得浅显易懂，又好记。”他们都很佩服爸爸，都把他当楷模了。而借此机会，孩子们也能在公共场所学到社交礼仪，在餐厅或者大人聚集的地方，不用我们叮嘱，他们就知道不要喧哗。而这样过了一段时间，孩子们甚至自己都可以检查穿着是否得体。

看到在家里要求严格的父亲在社会上堂堂正正的形象，孩子们会自然地尊重他，从他身上寻找值得学习的地方。由此可见，正确履行爸爸的职责,将爸爸社会人的一面展现给孩子看,对孩子来说,也有非常大的教育作用。

6. 父亲怎么对待妻子,孩子就会怎么对待母亲

除了做孩子的楷模外,我还有一些想对爸爸们说的话:女人往往会因为生了孩子就放弃了工作,这是“养育孩子是女人的事”的想法在作怪。男人身为父亲,在养育孩子方面也有自己的一份不可代替的职责,男人除了做好父亲的角色外,还要帮助妻子做好母亲的角色。要保障妻子的私人生活,妻子既是家庭主妇,也是社会人,要让她在她的生活空间内得到满足。

对于孩子而言,母亲是一个重要的角色。母亲的生活态度,对于孩子的价值观和生活习惯会产生重要的影响。如果父母在家里教育孩子之外,还能努力发展自我,实现自我,那么,孩子会自然地尊重他们,跟随他们。

妻子尊重在社会生活中表现突出的丈夫,会使孩子感到幸福和内心稳定。同样的,丈夫对妻子的尊重,也会使得家庭更加融洽和暖意融融,不管妻子有自己的工作,还是全职的家庭主妇都是如此。拿我们家来说吧,无论是先生还是孩子,吃完饭后常常会说,今天的饭很香很可口,以此来感谢我的辛勤劳动。事情虽小,但是

作为妻子和妈妈,我感到了家庭的尊重,并因此感到欣慰和温暖。在对待母亲的态度上,父亲的影响尤其大。父亲爱妻子,孩子会跟着爱母亲;父亲轻视妻子,孩子也会跟着轻视母亲。轻视母亲的孩子不可能听母亲的话。所以,妻子替先生树立父亲权威形象的同时,先生也应该替妻子树立母亲的权威形象。

7. 不要做"大雁爸爸"

抚养孩子就像推手推车,只有一个轮子或者两个轮子不一般高,车子就会倾斜,不能正常前进。丈夫和妻子就是手推车的这两个轮子,只有彼此尊重,互相信赖,才能把子女教育这部车子推好。

我深知爸爸、妈妈角色的重要,所以,对于韩国出现的"大雁爸爸"现象觉得非常可惜。所谓"大雁爸爸",就是由于各种原因,如爸爸出国或到别的地方工作,孩子出国或到其他城市读书,爸爸和孩子分开而导致的父亲角色缺失。出国的孩子也许会学好外国的语言和功课,但是会因此失去家庭的关怀和爱。这样一来,在孩子们的心中,父亲给孩子的印象只是赚钱给他花的人,这样教育孩子,最终能得到什么呢?

所以,如果父亲不得不和孩子分开,一定要考虑在这样的情况下如何起到自己的作用。经常联络是必需和最基本的方式,此外,还要经常观察孩子的变化——生理的,还有心理的。经常发Email、打电话,对孩子的想法提出自己的建议,一起上网、共同分享彼此的生活和快乐,都是很好的办法。即使分隔两地,也要表达出对孩子的关心,不要冷落他,要让孩子知道父亲在为了他和全家而努力。更要让孩子知道,父亲不仅仅是经济支援者,也是爱他、关心他、在乎他、可以让他信赖的人。

了解孩子是爱孩子的第一步。在国外受教育的孩子也许会成长得完全出乎父亲的想象。要努力融入孩子的生活,多了解孩子,跟得上孩子的脚步,父亲才能够适应孩子的变化,与他的关系也不会被距离拉得太开。

平时要多做交流,才能向孩子发挥作为父亲的影响力,才能得到孩子认可。你非常努力地、竭尽全力地支援孩子,在千里之外的孩子看来可能仅仅是表面上的东西。所以,不要以为你不说,孩子也会懂。一定要不断地交谈。

还有,**不要有“我太太会看着办的”等想法**。孩子的苦恼中肯定会有需要母亲的时候,但也有时候是一定需要父亲的。不要失去这样的机会,不能抛弃父亲的责任。无论是对儿子还是女儿来说,父亲都是非常重要的。

8. 树立父亲的权威，但不要让孩子把你当成一面墙

树立父亲的权威是理所当然的事情，但是强压性的权威只会让孩子们产生逆反心理。不能让孩子在成长过程中将父亲的存在当成是一面墙。父亲在向孩子讲述自己的主张时，要充分地说明，让他理解。特别是在反对孩子的想法的时候，必须要告诉孩子理由，这样才能避免产生误会。

在我们家，学习成绩最好、学习兴趣最大的儿子，曾经告诉我们他要选择美术。当时我先生对孩子的选择非常生气，并强烈反对，方式有些粗暴。于是，我对先生说："即使你反对孩子的选择，也不能将他的画扔掉。这样一来，孩子受到的冲击该多么大啊！你可以用其他的方式啊！"

我了解先生疼爱孩子的心意，也知道先生的想法其实跟我一致，就是在表现形式上等于是在跟孩子的关系上砌了一堵墙。为了化解先生和儿子的矛盾，我做了很多努力。

夫妻分担角色有多么重要经常是表现在出现矛盾的时候。在先生和孩子出现分歧的时候，我更加温暖和柔和地对待孩子。就像以前，我的妈妈为了让我和爸爸互相理解，而在我们中间不断调解融合一样，我也要在先生和儿子之间搭起一座桥。

所以,我对孩子说:"爸爸反对你,并不是看不起你的美术或者无视你的意见,是因为爸爸到美国以后,虽然身为法学学者和政治学学者,还是经历了很多艰辛。所以,爸爸当然会认为,在美国生活不是一件简单的事情。而在当今社会,只靠美术生存是非常困难的,就连我也是这样想的。爸爸只是希望你们能找到更安定的工作,我希望你能理解爸爸的心情。"

孩子清楚爸爸是多么努力,在这个社会又经历了多少艰难,所以也能理解爸爸的担心。虽然那孩子并没有马上在我的面前改变自己的想法,但是我看得出来,他对爸爸的误会是完全消除了。

后来,孩子选择了读医科。这不是因为父亲的强压,而是经过更深一步的思考后得出的结论。他说放弃美术他并不后悔。我问他为什么要选择医科大学,他说他的手巧,也喜欢用手来工作。

最终事情很圆满地解决了,但是我得出结论:如果我先生直接向孩子说明自己反对的理由的话,儿子的苦恼就会减轻很多。

可是,大多数的父亲都是沉默寡言的,孩子们对于父亲没有表现出的意思更加难以理解。而父亲却认为,即使不说出来,孩子也能理解,但这只是父亲的想法。所以,父亲要积极地表现,努力去交流。用言语和行动向孩子说明你有多爱他们,对孩子们要面对的人生多讲讲自己的看法(绝大多数时候,孩子是很愿意听听父母作为过来人的意见的),这样一来,跟孩子发生分歧的几率就会降低很多。

父母一定要牢记，手推车车轮的一边与另一边承担着同样的重量。感受到父亲存在，会让孩子有更加稳定的心态和更自信的人生。

9. 写给准父母们：有一对思路清晰的父母，是孩子的荣幸

对于准备结婚的男女，我要提醒你们，要多对婚后夫妻的角色和职责分配等问题交换看法，包括为人父母的职责，也要一起认真思考一下。

要怎样养育孩子，首先要画个具体的蓝图。就算已经生下了孩子，也不要觉得是错过了计划的时机。教育孩子什么时候都不算晚。从自己的人生规划到夫妻的角色分配，从家庭的事务安排到为人父母的职责承担，这些问题从开始就要有个大概的框架，在养育孩子的时候才不至于乱套。

有一对思路清晰的父母，是孩子的荣幸。

在成为父母之前，要知道怎么做父母。思考一下到底要做什么样的父母、自己会是什么样的父母等比较深刻的问题，是进行子女教育的第一步。

做父母不容易。做了父母，生活会发生巨大的变化，要懂的、要做的事情有很多很多。在这样的变化中，如果父母找不到重心，

孩子的正常成长就会受到影响。父母如果没有原则地混乱教育，也会将孩子推入混乱中，会弄乱孩子的人生，甚至伤害到孩子。

养育孩子没有正确答案，要根据不同的状况、根据孩子的需要，来调整子女教育方式。因此作为父母更要确立好自己的价值观，树立深远的教育原则。一旦确立了，就不要被其他事情轻易动摇，孩子也会在相对稳定的状态下成长。

但是“孩子只要学习成绩好就可以了”这种茫然的想法不能成为教育目的，要看到更长远的东西。今后要成为怎样的人，要有什么样的发展方向，对这些问题进行规划，才是父母应该做的事情。因为父母比其他人更了解自己的孩子，跟孩子接触的机会最多，所以对孩子的影响也最大。当然，在孩子找到自己的兴趣和道路之后，也有可能去咨询比父母更专业的人士，求得帮助。

“我不太懂，要是帮不上孩子怎么办？”

不要胆怯，也不要担心自己会失误。谁都不可能在一开始就知道怎么做父母，失误在所难免，但是只要有诚心，都会成为合格的父母。

无论是孩子还是父母都是从失误开始学习的，让我们从错误和失误中的恐惧症中解放出来吧。

我的孩子们也听从父亲“不要害怕失败”的教导，不断地去尝试，每次都会尽最大的努力。从失败中学到教训，尝试新的机会，并尽了自己的全力，才能得到好的结果。

孩子调整自己的目标,从某些角度看,也是认定了自己会失败,所以进行了反省,进而快速地调转方向。在变更后,孩子不再害怕失败,就可以专心地向自己的目标努力了。

10. 我教儿子做菜,教女儿搬行李

还要嘱咐一点,就是要抛弃对孩子性别的固有观念。无论是儿子还是女儿,如果希望他们将来成为真正的人才,就不要光根据性别来特别对待。

我父亲没有因为我是女儿,而与儿子差别对待,反而因为我是最大的孩子,给了我长子的待遇。所以,无论是儿子还是女儿,都要根据孩子本身的能力来分配家务、制定学习进度和进行长远规划。

我也没有根据孩子们的性别差异,而对他们提出不同的要求。如果有必要,我也教儿子做菜,教女儿钉钉子。有一次圣诞节,我为已经成为大学生的儿子们准备的礼物就是中国的平底锅,还教他们简单的做菜方法,也送他们指环。当然,这是故意的。

二女儿庆恩大学毕业后,甚至有过一个人将行李装上大卡车,然后开车从波士顿搬到纽黑文的经历。为了节省 500 美元的行李搬运费,她自己搬运了行李,自己开车回来。在女儿小的时候,我

压根就没有灌输给她“我是女生，所以不能搬运行李”的想法。

小儿子定柱在做哈佛大学歌咏团副团长的时候，有一次，要带领一百多人去山区旅行一周，这就需要做一百多个人的菜谱，还要列出清单，购买材料。准备这些东西可不是轻松的事情，但是定柱很自然地承担了下来。事过之后，他自己也觉得很惊讶：“在我担任副团长之前，根本没想到自己能开出一百多个人的菜单，而且是一周的食物，我连想都没有想过。我没想过我会负责早上吃什么、中午吃什么、去买什么样的材料之类的事情。我以为我是副会长，所以可以只参与对于音乐的讨论和决定。但是要像妈妈那样考虑到营养、味道、费用，还要根据他们的宗教去考虑他们的忌口等等，从一开始要负责到最后，如果以前没有做过菜，就会出大乱子了。我出面做好了所有的事情，我也觉得很骄傲，其他同学看我的眼神也不一样了。”

定柱说，做团体管理人的感觉，就像要掌握人生在世要做的所有事情一样，要通过很多的人生经历和体验去思考领导人所应具备的素质，发挥领导的艺术，从中获取好的经验和教训。

就如定柱所说，为一百多个人做一周的饭菜是不容易的。如果我认为儿子和女儿角色不同而不教男孩儿厨房的事情，定柱可能会放弃这样事情了。但是幸亏我们是大家庭，为了维持家庭运转，不管是谁，都要帮忙干活。这样一来，孩子在一旁也学到了很多生活的技巧，他们常常跟我说这些经验对于他们的人生有很多用处。特别是作为领导者，在处理问题时，家里的经验给了他们很大的帮助。

所以，**不要区分性别，不要以男孩子就要这样、女孩子就要那样的狭隘方式来教育子女。**事实上，一个管理者和领导者，要在任何情况下为任何人管理所有事情，他不会只领导同等性别的人们。领导者对人们生活中经历的各种琐碎的事情都要有一定的常识。

这样一来，只靠学校的学习是不够的，要在家庭和平时的日常生活中自然地教育他们。

11. 认可孩子的个性，关注孩子更为优秀的一面

在养育孩子的时候，还必须知道每个孩子都有独特的人格，要认可孩子的个性，只追求流行的、别人适用的方法就会成为极端的父母。

举例来说，我的二儿子在小的时候并不爱看书，兄弟姐妹一起去图书馆，弟弟借了四五本，哥哥却只借了两三本，回来也不好好读。

其实他是很聪明的，在不会说话、不会走路的婴儿时期，就喜欢长时间待在儿童房里，默默地摆弄积木，摆出各种形状，然后推倒重来。所以我认为他可能比其他孩子更有科学头脑，只是对读

书没什么兴趣。

虽然我还是希望他能像其他孩子一样认真读书，但我没有责怪他，只是告诉自己：“每个孩子的兴趣不同，这就是他的个性吧。”

我一直在努力关注孩子更为优秀的一面，并从其中发现了孩子的个性。父母要学会完完全全地认可孩子的个性，也要明白责怪是无济于事的。不要跟其他孩子做比较，也不能让他去模仿其他孩子。父母可能没有多想，只是单纯地做做对比，但是孩子很敏感，常常因为这样的比较而丢失了自信。谁都有出色的一面，父母要称赞孩子，要激励和帮助孩子去发现、发展自己的个性。

希望孩子“做这做那”，往往会在孩子身上碰壁。所以，将这样的想法从脑海中抛开吧！当然，我也不是放任孩子“这样就好了，那样就好了”随意发展，我一直相信，如果孩子自己觉得有必要，他会自己看着办的。

就像我的二儿子在进入大学之前感觉到了阅读的必要，于是拿来关于速读的书，主动提出要去教育学院报名参加相关的培训课程。他认为自己的阅读速度比别人慢，所以想要改善这一点。你看，他最终还是自己找到了动机，愿意主动去读书，并享受读书的乐趣。

12. 父母自我情绪的调整

因为孩子，父母有时候会感到无比的幸福，有时候又会陷入无边的苦恼。但是，如果我们将这些感情全部展现给孩子，他们会变得敏感，也会受到伤害。父母要学会调整自己的情绪。

韩国的小儿神经科医生或子女教育专家都异口同声地说：

“父母不能控制自己的情绪，才会将事情搞糟。”

有很多父母明明知道不能这么对待孩子，但是一旦真正地面对孩子时，往往做不到。加上父母总是很忙，而人在身心疲惫的时候更容易发火。本来下定决心一定要好好地对待孩子，但是打开房门一看家里乱成一团的时候，就会不由自主地生气。甚至还有母亲会因为对孩子的成绩感到失望，而动手打孩子。

不能控制自己的情绪其实还应该有其他原因。如果母亲在自己的生活中得到满足的时候多，就不会被孩子的每一件事情而左右自己的情绪。比如，我在学习、研究社会工作或志愿服务时，会感到自我满足，所以在对待孩子们的生活的时候，自然就会退一步，客观地观察。

这也不是说妈妈们一定得出去工作，经常参加志愿服务或是文化活动也是丰富人生、自我完善的好方法。一来对自己的生命质量大有裨益;二来能让自己保持良好的情绪和心态,在对待孩子的问题时有好的状态;三来常参加社会活动,也会开阔眼界,能帮助自己找到成为孩子典范的途径。

此外,认为教育孩子就是指示孩子做这做那,也是不正确的想法。

我们是什么样的父母?我们想成为怎样的父母?我们是不是互相给对方树立权威的父母?作为父母,在履行自己的职责之前,我们对自己本身又了解多少?我是否为了多了解自己一点而努力过?

常常问自己这样的问题,是为了孩子,也是为了自己的自我发展和成长。生下孩子,在考虑如何教育孩子之前,应该先思考如何教育自己,思考身为父母的自己应该怎样成长。

13. 给总有一天会成为父母的孩子们：珍惜自己的家人

“如果你为人父母，会怎样养自己的孩子呢？”

我要是这样问现在的年轻人，他们可能觉得那是遥远的事情，想都想不到的，更难以回答，甚至觉得自己年纪尚小，问这样的问题着实可笑。

但是我对年轻人提出这样的问题是有原因的，我是想让他们回想一下各自的人生。所以，希望大家可以好好想想这个问题。

你想成为怎样的父母？

恐怕你们的脑海中首先会浮现自己父母的形象，或者是孩提时代的种种经历，孤独和苦闷、开心与欢乐。

然后等情绪慢慢稳定后，就来想想自己想成为怎样的父母吧。恐怕大家不太会选择去做为了孩子牺牲一切、劳累一辈子的父母吧。很多人会选择做能够开拓自己的人生、实现自己梦想的值得敬佩的父母，还想在孩子需要的时候做他们坚实的靠山，为他们提供帮助。

好，想到这里，请各位再转移一下目光，回忆回忆自己和父母的日常生活。或许有人从来就没有帮助过父母，甚至在埋怨父母；又或者为了实现自己的想法，就自私地只去关注自己。

然后，请各位对比一下，你们想要成为的父母形象，和你们现在所看到的父母形象是不是一致呢？一定有人会因为父母太干涉自己的生活而觉得苦恼，那么，不要只局限于你是不是喜欢父母这种行为，而要多去想想你们的父母为什么会这么做。这不是东方文化下父母特有的表现爱的方式吗？所以不要因为不喜欢就无条件反抗，而是要多理解父母的立场，并努力去理解自己的文化。

“我知道妈妈为什么那么做，但是我觉得，如果您这样做的话，会更好。”

类似这样的去和父母交流吧。这样，父母和孩子才能理解各自的想法，进而达成对方的希望，想出解决问题的方法。此外，跟父母交谈，谈谈自己希望他们做的，同时听听他们对自己的期望，这是非常重要的。只有这样，大家才不会产生严重的矛盾和隔阂，才能各自顺利成长。

相信你们也听过这样的话：

“人生不是百米短跑，而是马拉松。”

回想起来，以前的事情就像过眼云烟，但有时候整理这些记忆，也会觉得人生真像是一场漫长的马拉松。当时的许多回忆、经历还有那时候的感受，繁复而清晰，一点一滴历历在目……让人思绪联翩。这么漫长的马拉松，如果一个人跑下来，肯定会觉得孤单，并容易疲倦。即使每个人的路只能自己去走完，但我们仍然需要有人在身旁，跟我们一起跑。而其中最有耐心、最爱你、最愿意去理解和包容你的，就是你的家人。

要珍惜自己的家人。珍惜家人，关心家人，也就自然而然地学会了关心其他人。在同家人沟通、交流的同时，跟别人沟通的能力也会增强，而这些都是成为优秀人物的基本素养。

这个世界不是说只要学习好就万事 OK 了。如果想让自己的孩子成长为有梦想的孩子，首先自己要有梦想。可能的话，就以世界为梦想的舞台，去展现自己的精彩人生吧！

要超过别的孩子、跟邻居做比较，或是在自己居住的城市达到什么样的水准、在竞争中获胜，这些都不应该作为自己的人生理想。要从大的方面去想，考虑更有价值、更有意义的事情。虽然这样说有点抽象，但这都是我的经验之谈。有个说法叫做“取法乎上，得乎其中；取法乎中，得乎其下”，或许能概括我的意思。我认为，在定出自己人生的大框架后，比如要做什么样的人、要实现怎么样的人生等等，孩子会自然地得出学习和职业选择的方法，也会获得充足的动力和充沛的信心。

对前途的选择，不仅仅是选择去上哪个大学、做什么样的工作，最终要选择的是走什么样的人生道路、实现怎样的人生价值。我在前面谈过我六个孩子的故事，或许可以发挥一点榜样作用。规划好人生蓝图，这样才能树立有别于一般人的人生目标和生活热情，不管别人怎样，不管世界发生什么，坚实地走好自己的路，一步一步达到自己的未来。

一定要规划好人生蓝图。现代的人才，要以世界为舞台思考，要有国际化的眼光。社会在急速变化，现在认为重要的领域，也许某一天会变成无用之物。所以不能因为已经找到了自己的道路，就对周围的变化漠不关心。只关注于某一时期的流行事物，可能很快能成为那个领域的专家；但如果想成为领导者，就要汲取多方面的知识，永远保持对新鲜事物的兴趣和关注。

我曾经看过采访世界500强企业总裁的报道，那些公司在招聘的时候，不只看应聘者的专业，还要看他们对音乐和美术等方面有无兴趣和经验。这让我们明白，一个公司的中层，不仅要是专业领域的优秀人才，还应广泛地涉猎人文社会等领域。

这是什么意思？其意是，社会真正所需要的是具备领导能力的人才。这样的人才不仅要在现在表现出色，还要在快速变化的未来世界里大展宏图。只精通一个领域的人，只要出现拥有比他更多知识和技术的人，就很容易被替换掉。只有那些不仅仅对一个领域精通，而且对更多领域都有所了解，懂得审时度势作出判断的人，才能得到别人的敬佩和赞赏。

当然，所有的想法都不要走极端。不是有“过犹不及”这句话吗？这是我们传统的中庸之道，有专长的话就去培养，这是明智的。但不要因为“世界”、“国际”这样的字眼，就变得好高骛远，踏踏实实做好当前的每件事，仍然是最基本，最重要的，否则，会失去更重要的东西。

14. 为了实现梦想而尽全力

这个世界越来越国际化。所以不要仅仅把眼光放在国内,更应放眼世界。

我所了解的法律界就是如此。大约五十年前,美国法律界的主要研究精力还是放在各州政府的法律上,后来转向了联邦政府的法律,而现在重心已经在国际法研究方面了。而在大法院的判决中,引用国际法案例作为判决依据的比率也越来越高。

在其他方面也很容易看到这样的例子,气候变化(地球温室效应)、鸟类传染病(禽流感)等发生在世界某一角落的现象,瞬间就能传播到世界范围。移民的人数也越来越多,其中韩国移民的足迹已遍布世界上170多个国家,是世界排名第4位的“移民输出国”。

国际化的世界需要国际化的人才。不要错误地认为英语好就已经很国际化了,真正的国际化人才要具备国际化的思维方式。

旅行是很好的观察和学习世界的方式,语言也同样是接触世界的窗口。但要记住,要想了解其他国家和地区,首先要了解自己的国家和地区,这样通过比较才能找到自己的特点,认识到自己的优势和不足。

培养国际化思维,首先要对自己有正确的认知。当别人问我“你是谁”时,如果我不能好好回答,就会感受到挫折感。到了国际舞台上,不但是“我”个人,作为韩国人的“我”,作为东方人的“我”,都是非常重要的。如果我对自己没有正确的理解,又怎么能够自信地讲出祖国的价值观呢?

我的孩子们在这点上就做得很不错。他们虽然在美国出生,但是在自己的名片上一定要同时写上韩国名字和美国名字。例如,洪柱的英文名字是“Harold Koh”,但他名片上都是写“Harold Hongju Koh”,“Hongju”是他的韩国名字。孩子们通过这种方式来告诉别人我是一个韩国人,并为此骄傲。而一个为自己和自己的祖国骄傲的人,也会得到别人的信赖和尊重。

当然,同样重要的还有**心怀他人**的品质。

来美国留学的外国学生很多,但是最后能成才或者成为大人物的却很少。这是为什么呢?

这不单是因为语言上的问题,更是人生态度和胸怀的问题。才能和知识非常重要,但即使这方面做得很优秀,如果人际关系不好,也不能完全地展示自己的才华。这样的情况很多,我每次看到后,都觉得很遗憾。

大家都知道,这是个拥有无限可能性的世界,所以,现在不是减少梦想的时候。要多多梦想,并为了实现梦想而尽全力。那么,有一天,当你的孩子出生的时候,你也能成为出众的父母,担当起孩子的导师和榜样。我相信各位的孩子也都能以世界为舞台,成为真正的大人物。让我们充满希望吧!

后序

父母们，请跟我一起做个"奉献者"

到这里，这本书就絮叨完了。如果要总结点什么，我想说，这本书里都是我的经验之谈。虽然这些经验仅限于对韩国人的教育，但我认为在急速变化的今天，有些道理是全世界相通的。而作为父母，作为母亲，我们对待孩子的心情也是一样的。

现在，关于父母们对于孩子的教育已经达成了共识，那就是，影响孩子幸福的起源是父母。父母的性格、想法、举止，包括父母的关系和整个家庭氛围，所有这些都一定会影响到家庭里的那个小孩。这种影响很重大，并且它是无声无息的。说不准是哪个事儿、父母的哪句话、某个举动，父母自己没有意识到，却在孩子心里留下了痕迹。"言传身教"这四个字很有道理，我甚至觉得父母的这种言传身教和家庭的氛围，在孩子的成长过程中起着比学校教育更加重要的作用。

有觉知的父母，定会同意这一点。

所以，如果你们问我"如何做父母，如何开展家庭教育"，那么，我在这本书一直试图给你们的回答是：家庭教育里面没有大概念，全部都是细节。我做母亲的时间已经不短了，我把这些细节融汇成了一些经验。

那么，在本书的最后，让我们再次一起分享这些宝贵的经验——

德胜于才。父母们不要只关心孩子的学习成绩和考试分数，也不要只盯着培养孩子的特长，而应该着力于深层的学习动力的养成。而帮助他人、服务社会的美好心愿，就是学习的最好动力。只有才华与修养获得平衡发展，孩子才能得到真正的成长。

教育不是科学，而是一门艺术。每个家庭都有各自不同的环境，每个孩子的性格也不相同，甚至同一个孩子在成长的不同阶段，心理特征也有这很大的差别。成熟的父母会时刻关注孩子的成长阶段和发展状态，并保持高度的警觉。只有针对具体情况进行具体分析，才能找出适合自己的特殊的教育方法。

你怎么看待孩子，孩子就会成为什么样的人。所以，父母要尊重孩子，要把孩子当成独立的个体看待。不要去强迫孩子学习，而应该帮助孩子养成良好的学习习惯；也不要强迫孩子把烦恼讲给你听，真正的交流应该建立在彼此信任的基础上；当孩子面临人生的选择时，给他指导和建议，而不要代替他作决定。

让孩子亲自经历是最好的教育。经历的印象会比言语来得深刻，所以，如果孩子有什么想法，或者想做什么事情，带他们在现场实际体验，亲自看和感觉。这样，他们会学习得更快。

真正的爱和教育不是牺牲一方成就另一方，而是双方共同成

长。作为父母,孩子给了我们第二个人生,是为了丰富我们,而不是剥夺我们。我们在自己的生活中首先获得快乐和满足,才能给予孩子健康而宽容的爱,在自己的事业领域里获得成功,才能成为孩子们喜爱和尊敬的榜样。

感情好的夫妻,更容易成为成功的父母。教育孩子,是夫妻双方共同参与的过程,夫妻的关系会对孩子的性格养成和人际交往产生重要的影响。为人父母,无论有怎样的分歧,在教育孩子问题上一定要达成共识。在孩子面前,不但要经常交流,还要包容和忍耐对方的缺点,互相尊重对方的角色和地位。因为,对于孩子的健康成长而言,父亲和母亲这两种角色都是不可缺失的。

最后,我还想强调一点,**父母要把孩子的成长放到一个大的环境和背景进行考量**。我们不是孤立的,我们是生活在互帮互助、密不可分的社会里,孩子和他周围的人有着一致的目标和追求。在教育上,一个母亲或者是一个家庭独自的力量再强大,也是有限的,更强大的力量来自于文化和社会。因此,交流和共享才显得尤为重要。这是我们夫妇创建东岩文化研究所的原因所在,也是我能够坚持做五十多年社会服务的原因。

在这个急速变化的新时代中,子女教育必将面临更多的挑战。但只要我们掌握好自己,具备一个好的教育意识,以热情和梦想来面对生活和孩子的教育,自然就能得到好的回报。

亲爱的父母们,让我们怀抱希望和梦想,去相信和期待更明亮、更幸福的日子吧。